Le non-dit des émotions

Du même auteur

La Drogue
Éditions Universitaires

Écrits sur la toxicomanie
Éditions Universitaires

Il n'y a pas de drogués heureux
Laffont, 1977

La Vie du toxicomane
P.U.F., 1983

La Drogue ou la Vie
Laffont, 1983

La Clinique du toxicomane
collectif, Éditions Universitaires, 1987

Claude Olievenstein

Le non-dit des émotions

Éditions Odile Jacob

EN COUVERTURE : Mi Fu (1051-1107) : *Devant la montagne au printemps,* Musée national du Palais, Taiwan. (DR)

ISBN : 2-02-011559-X.
(ISBN 1re publication : 2-7381-0020-1).

Avertissement

Dire l'indicible, c'est à quoi s'attache l'art notamment, fidèle en cela au paradoxe fondateur du langage qui est de trouver le mot pour la chose.

Mais dire le non-dit, c'est trouver le mot pour le mot, le discours audible par celui qu'on doit taire, ce soliloque intime dont nous faisons chacun, quotidiennement, l'expérience et grâce auquel, souvent, l'on passe les compromis avec l'existence qui permettent de vivre.

Le présent essai entend dresser la carte de cette « terra incognita » qui étend son domaine de souveraineté entre le refoulé et le déclaré, entre les maux qu'on se dissimule à soi-même et les mots qui nous dissimulent aux autres.

Une semblable entreprise n'est pas aisée, menacée du double péril de la banalité – formaliser l'évidence intime – et de l'approximation – simplifier l'expérience intérieure. Elle méritait cependant d'être conduite, tant sont essentielles les fonctions du non-dit et significatives ses métamorphoses actuelles.

Le lecteur que les énoncés généraux rebutent lira d'abord les éléments d'une phénoménologie du non-dit à travers les sentiments, les pratiques et les techniques qui nous ont semblé les plus représentatifs, et ne se reportera qu'ensuite à l'introduction. De cette manière, il aura abordé ce livre comme Jules Renard souhaitait qu'on fasse des siens, en le relisant avant de le lire.

Introduction

A Fortaleza, au Brésil, celui qui, le soir venu, apparaissait comme le Maître des Saints, redevenait au matin un honorable étudiant en philosophie. Esprit indien, travesti, maître de la cérémonie umbanda, sous ses différentes hypostases il était tour à tour possédant et possédé, comme l'étaient eux-mêmes, malgré le scepticisme qu'ils affichaient, mes compagnons, psychiatres de renom, formés à l'Université française.

Dans le demi-secret de cette cérémonie s'exprimait le non-dit qui traverse la société brésilienne : la peur au désir mêlée d'être à nouveau esclave, l'ambition de vivre cette peur et ce désir, et de les exorciser en même temps, au moyen d'un rite. Il me revint alors qu'en Normandie des amis m'avaient parlé sous le sceau du secret du Grand et du Petit Albert, exorcisme à l'intention des « possédés ».

La « possession » – au sens démoniaque – n'est pas si éloignée que cela du sexuel : elle est le plaisir, mais le plaisir forcé, le plaisir malgré soi, dont on ne veut rien entendre, qui est interdit et censuré, et auquel on ne consent à s'abandonner que parce qu'il vous est imposé de l'intérieur, par une force maléfique et supérieure. La « possession » est l'occasion d'accomplir ce que l'ordre du monde prohibe – la fusion des sexes notamment – pour protéger ses fondations.

La « possession » ne donne pas à voir ce qui est redouté

dans l'inconscient du sujet freudien ou du collectif jungien. Le non-dit qui y circule est au contraire ce qui émerge et est consciemment censuré comme non-convenable, inacceptable ou seulement accepté dans le cadre limité, en temps et en espace, d'une ritualisation où tout est, provisoirement, permis, à l'image du carnaval brésilien. Le non-dit est ce qui vient à l'imaginaire du sujet de manière telle qu'il sait que l'imaginaire de l'autre sait, mais que la loi de l'autre ne peut accepter ouvertement de savoir.

La délimitation du domaine de ce non-dit n'est ni aisée ni définitive. Ses frontières avec le refoulé inconscient d'une part ne sont pas étanches – de l'un à l'autre existent des passages fluctuants et chaotiques – la séparation d'avec ce qui est dicible d'autre part varie selon l'évolution des tolérances sociales : ainsi les sociétés occidentales aujourd'hui, prises entre le souci d'assurer la reproduction sexuelle et celui, contradictoire, de développer la production marchande donc d'autoriser une consommation sans fin, de légitimer la consommation tous azimuts comme valeur, y compris la consommation du plaisir, laissent-elles une marge de liberté plus grande à l'homosexualité.

L'analyse du non-dit n'est guère plus facile. Car ce qui compte, dans le non-dit, c'est moins sa causalité que son intensité, son climat, son atmosphère, sa mélodie, l'épaisseur du vécu, toutes choses rebelles à une mise à plat « scientifique », réductionniste par construction. Une telle approche pourrait en effet expliquer le phénomène mais elle ne saurait rendre compte de son efficacité.

Certes, quelque chose de ce non-dit s'exprime par le rite et par le style. La religion et l'art permettent de le reconnaître, de l'admettre dans une certaine mesure, de le transfigurer en paroles ou en actes, d'arbitrer ainsi entre le fait et la censure, de réaliser le déraisonnable autrement que par la folie. Le style et le rite sont des soupapes de sûreté quand l'interdit est trop pesant et le reflet des mutations qui ont réuni sur leur nom un consensus. L'horrible chez Bosch, le bestiaire terrifique des églises romanes de Saintonge, les sculptures androgynes des temples du Sud indien, les photos de nus actuelles sont autant de témoignages de cette fonction de l'art, de cette vocation à dire le non-dit pour en alléger la charge ou en exprimer la légitimité, quand il a cessé d'être interdit et s'est aseptisé. Mais le rituel et le stylisé ne suffisent pas. Ils tuent quelque chose de l'émotion sauvage, ils médiatisent l'indiscipline, banalisent la violence, troquent l'intensif de l'indicible contre l'intensif moindre du visible.

Ils suffisent d'autant moins aujourd'hui que la « civilisation » étend chaque jour davantage son emprise, aggravant par là même la violence sauvage, là où elle peut survivre. L'inspection minutieuse du champ social par les sciences humaines, de l'intimité par la psychanalyse, de l'ordre naturel par les sciences exactes engendre par contrecoup des effets pervers dont l'augmentation des maladies mentales ou les explosions de violence collective sont les signes parmi d'autres. Programmé génétiquement, fécondé « in vivo », analysé scientifiquement, décortiqué sociologiquement, l'homme retrouve dans la restructuration non censurée de son désir un droit à la différence qu'il perd petit à petit partout ailleurs. Les rapports d'intensivité, qui échappent aux lectures de la causalité, deviennent le territoire propre à chacun.

Il faudrait presque en revenir à une certaine lecture de Darwin, lorsqu'il parle des « possibilités, et même de la probabilité des variations d'instincts héréditaires » dans les espèces animales non apprivoisées, et voir en l'homme une espèce en voie de totale domestication qui retrouve aujourd'hui ces variations, comme indispensables à sa survie. Dans cette relecture suggérée, c'est en quelque sorte la notion d'obligation qu'il faut retenir : comme il était obligatoire pour les esclaves indiens du Brésil de continuer à adorer les éléments naturels pour ne pas devenir fous, pour les esclaves noirs de désigner le « roi du Congo » pour ne pas voir leur être succomber, pour le maître blanc de laisser faire sous peine de rendre inutilisable le système établi. Mais surtout comme il devient essentiel pour les métis, bâtards, bien que catholiques officiels, de participer à ces cérémonies sous peine de non-existence ou encore une fois de dissociation psychique : le non-dit de la peur atroce de redevenir esclave le disputant au désir secret de l'être à nouveau, et cette situation ne pouvant être que sur-compensée par une rigidification paranoïaque, cherchant à calfeutrer la peur d'être mis à nu par l'autre, le maître aujourd'hui sans pouvoir, mais qui par ce simple regard peut posséder à nouveau. Ritualiser ces situations, et surtout les remplacer les unes par les autres au cours des mêmes cérémonies, et après avoir été tour à tour possédé et possédant, se redécouvrir normal et libre à la fin, comme après un bon cauchemar ou un mauvais rêve, est une catharsis qui dépasse de loin les thérapeutiques sédatives actuelles ou les anesthésiants sociaux.

Réduire le non-dit à des processus d'adaptation, plus ou moins refoulés, et venant au secours de situations de détresse de l'espèce serait cependant un grave contresens. Le non-dit de l'humain lui est spécifique en tant qu'il est créatif, qu'il donne naissance à un duo de l'homme avec lui-même qui s'inscrit dans la mémoire du sujet et va dès lors constituer un acquis intangible dont il faudra en tous temps tenir compte. Répétons-le, autant que le contenu plus ou moins mythifié de cet imaginaire créé, ce qui compte, c'est son intensité, sa charge émotionnelle et affective, son enveloppe érotique, sa sauvagerie...

Le non-dit est une marge de liberté propre à chaque individu, l'effet d'une volonté, au contraire du refoulé. C'est avec volontarisme et liberté que le sujet hallucine le réel, qu'il tranche, sépare, retient. Il y a à la fois obligation et non-obligation dans l'expression ou la censure du non-dit. Il n'y a pas un statut du non-dit qui n'est structurel que sous forme d'équilibres extrêmement instables et sans cesse renouvelés.

La ritualisation était, jusqu'aux temps modernes, le moyen privilégié de passer des compromis entre l'acceptable et le déraisonnable. La possession rituelle mimait la possession réelle et la soumettait à la volonté du sujet, comme dans le cas des derviches tourneurs. Cette ritualisation s'accordait parfaitement au rythme propre des phénomènes sociaux. Or la révolution cinétique des quarante dernières années (transports aériens, vols spatiaux, transmission des informations...) a démodé ces rites devenus archaïques et même ridicules, au regard des transes modernes, notamment de la grand-messe télévisée. Au moment précis où la modernité, en réduisant l'espace offert à l'intensité sauvage, en accroissait la violence et la nécessité, elle vieillissait les rites par lesquels cette intensité du non-dit trouvait à s'exprimer. D'où la nécessité parfois de s'autoriser par d'autres moyens extrarituels l'expression d'un non-dit. C'est le cas des substances toxiques. Celles-ci, avec leur pouvoir anesthésiant vis-à-vis de la culpabilité et leur intense rapidité d'action, offrent des possibilités inégalées d'accès au non-dit. Et ce, d'autant plus qu'il n'a plus à se manifester par des comportements mis au ban de la société, ni même par un véritable langage. L'hallucination sensitive, à la fois vécue et ressentie, mais essentiellement de l'intérieur, laisse toute liberté de développement au sujet sans qu'il ait besoin de communiquer ou de communier. La périodicité nécessaire à tout bon fonctionnement cathartique du non-dit est réalisée par la fin des effets biologiques du produit. De même, la modernité est intégrée à une rapidité extraordinaire dans le contenu de l'imaginaire toxique (comme le démontre par exemple la littérature fantastique), ainsi qu'une approche plus complexe et plus libérée de l'autosexualité. C'est ce qu'on appelle la « planète », terme qui dépasse largement la rêverie hédonique pour exprimer un ailleurs dont un non-initié mesure mal l'extraordinaire levée d'interdits qu'elle représente, et l'atmosphère de chaleur et de relaxation morale qui l'accompagne.

La notion de modernité est essentielle à l'analyse du non-dit, à laquelle elle donne toute son actualité. Nous nous trouvons en effet devant une situation nouvelle à la croisée d'une élaboration traditionnelle du non-dit, d'une réactivation des grandes peurs ancestrales devant les impossibilités de contrôler les évolutions nouvelles (peur atomique par exemple), et d'une réduction du secret (individuel) et du sacré (collectif) par l'hégémonie scientifique.

La réapparition massive des drogues – hallucinogènes d'abord, anesthésiants et euphorisants ensuite, excitants enfin – en est l'illustration, témoignage de l'oscillation et des télescopages entre le désir de modernité et la nostalgie du retour aux sources : par-delà même le contenu de la « planète », l'accélération de la volonté en action avec la libre disposition d'une seringue, simple objet de consommation qu'on peut jeter, incarne le dépassement d'usages anciens qui réclamaient la fête pour l'absorption d'un toxique. L'alcool ne suffit plus aux âges nouveaux. Son invasion légale (sauf dans les pays musulmans), son rôle d'amortisseur social mais également de détonateur dans les grands défoulements meurtriers, sa place quasi sacrificielle (songeons aux accidents de la route), lui confèrent certes un statut d'exorcisme des temps modernes. Mais il ne permet pas et n'assume pas la modernité dont il ne recrée pas la rapidité des changements et l'intensité des télescopages.

Quel est donc ce non-dit qui réclame l'intensité et cherche les voies nouvelles de son expression?

On peut cerner l'existence et les effets les plus quotidiens dans la vie des couples. L'enflammement du désir, l'apparemment tout-dit de la conquête, la ritualisation du mariage pour essayer de former une unité structurelle objective, la naissance des enfants, puis la disparition progressive du désir, l'apparition des frustrations, organisent peu à peu les rapports autour d'un non-dit familial dont risque d'abord de pâtir la progéniture. Hegel disait déjà que le mariage est l'idée éthique dans son immédiateté mais qu'il ne tient pas compte de la subjectivité interhumaine. Pour faire contrepoids à cette image éthique trop forte, les cérémonies rituelles, les cultes initiatiques exhibent des versions noires et des versions angéliques du mariage, mimes en décalque, en accéléré et en décéléré, où se dit ce qui devrait être tu. Les familles modernes ne disposent pas de semblables dérivatifs. Le désir carnivore de la mère vis-à-vis de son enfant, le désir d'aller jusqu'au bout de l'inceste pour annuler sa propre mortalité et son angoisse de mort s'y déploient avec rudesse, et ce d'autant que la limitation de la cellule familiale empêche qu'un semblable désir ne se disperse sur plusieurs enfants ou ne se dissimule par l'amplitude des charges. Le non-dit de ces familles est si terrifiant qu'il fabrique bien plus de fous que dans les générations précédentes, et, depuis un certain temps, bien plus de toxicomanes. Entre l'idiot de la famille et le reste du foyer circule un non-dit d'autant plus terrifiant que – dans les sociétés occidentales à tout le moins – la vulgarisation de la pensée freudienne rend la censure ou l'angélisme de moins en moins opérants.

Ainsi du collectif à l'individuel, les rapports avec la loi dans ses trois dimensions : réelle, symbolique et imaginaire, sont aujourd'hui redéployés de telle manière qu'infiniment plus de choses se passent au su des protagonistes et moins de choses à leur insu. Les vieilles terreurs sublimées (notamment par la mise en scène religieuse) laissent avec crudité et cruauté la place aux terreurs archaïques, l'angoisse de mort, la punition par la castration, etc. Le dit est censé tout expliquer mais renvoie chacun à sa solitude première, avec des bribes d'histoire individuelle ou collective. Devant le relatif échec de la modernité, la nécessité s'impose d'effectuer un repli par et dans le clan. Cela paraît évident avec les bandes d'adolescents des H.L.M. (encore très proches du statut de l'enfant « pervers polymorphe ») dont les rites d'initiation et la sexualité précoce dé-censurent, mais dans des caves, ce qui officiellement est censuré là-haut, dans l'appartement familial où trône le Dieu Télévision et où le couple parental est l'image même de l'échec et de la frustration. Le non-dit trouve une place, plus ou moins légitime, dans la possibilité de refuser le monde des adultes, tout en le singeant, et de se créer une identité à travers la solidarité du groupe, mais aussi ses obligations cruelles, tout en sachant les véritables obligations du temps. De fait, la distance n'est pas si grande des caves de La Courneuve à la cérémonie umbanda de Salvador de Bahia.

Autour de la question sexuelle, émerge du non-dit le problème de l'identité. Tout clinicien sait ce que celle-ci représente pour un adolescent. Le sentiment de la laideur du corps, l'angoisse d'avoir des organes génitaux trop petits côtoient (ou sont remplacés par) les grandes angoisses existentielles : qui suis-je, pourquoi je vis, etc. Bien sûr la question de l'identité sexuelle est au premier plan du non-dit comme elle l'est chez les peuples colonisés ou ex-colonisés qui ont l'angoisse d'avoir un pénis plus petit que celui du colonisateur et vice versa. Quand elle le peut, cette question s'exprime dans l'art, et notamment dans la représentation phallique des idoles. A l'inverse, lorsque la structure sociale est plus stratifiée, la mission confiée à l'art est de rassurer les mandateurs vis-à-vis de leur peur : c'est ce qu'ont compris les maîtres de la statuaire grecque, ou de la Renaissance, l'admirable (et homosexuel) Michel-Ange, dont le David est le modèle de la beauté du corps avec un sexe suffisamment grand et harmonique pour n'être pas ridicule, et suffisamment petit pour rassurer les maîtres de l'heure sur leur virilité. Gageons que ni les uns ni les autres n'ont discuté au préalable de cette question qui figure dans le non-dit évident de cette époque. Mais cette question ne résume pas le fond du non-dit.

A un degré de plus, c'est la question posée par le désir androgyne qui apparaît être un des lourds secrets de l'humanité civilisée, même si des espaces d'expression lui sont ménagés – à l'instar des défoulements collectifs du Carnaval au Brésil ou des spectacles de travestis ailleurs – ou s'il a trouvé à se dépasser dans l'annulation par la castration (eunuques du harem, castrats) dont la sublimation dans l'art lyrique donne un exemple. Cette question qui se pose (et qui est parfois posée) dès l'enfance, qui atteint à l'adolescence un degré intense, est une de celles que la science éclaire (la bisexualité fondamentale biogénétique de chaque individu) et écarte en même temps, la désigne comme anormale et pathologique, interdisant par cette condamnation aux individus d'essayer de vivre, ne serait-ce qu'un temps, cette tentation.

C'est finalement l'ambivalence qui caractérise le jeu entre le non-dit et le dit. Ambivalence par éclipses : on y croit sans être sûr d'y croire tout à fait. Les divinités ne sont que des divinités, mais pas Dieu. Il n'y a jamais totalité ni fermeture. Au contraire, il y a constant flux, constant enrichissement. Le non-dit est malléable et mobile. Il est le pont entre l'imaginaire et le refoulé, la terreur et le désir. Il se nourrit du présent et de l'ancestral. Le non-dit, c'est ce qui est intime, ce que l'on ressent comme intransmissible, comme une expérience en soi et pour soi. Mais c'est, en parfaite contradiction, la possibilité de vérifier son appartenance à un groupe, à un clan, lieu de solidarité et de survie. Lorsque le clan célèbre sa fête, où apparemment chacun est pour soi, c'est une autorisation complice et terrible, mais affective, qui est donnée à chacun d'aller au bout de soi-même sans que personne ne juge ce qui a été dit ou fait.

Reste qu'une cérémonie n'est jamais qu'un compromis provisoire et que chaque être retrouve sa solitude, surtout quand la cérémonie a été ridiculisée par la modernité : il est bien difficile de faire parler un paysan normand du « Grand Albert » par exemple. Plus inavouable, la dimension sexuelle dans le non-dit est omniprésente. La dimension paranoïaque (persécuté/persécuteur) la suit de près, souvent rattachée aux situations historiques dominant-dominé, possédant-possédé comme, par exemple, le servage ou l'esclavage. Le sadomasochisme y joue également son rôle comme bien des thèmes inavouables (nécrophilie, scatologie, relations diverses avec le sang qui coule, incestes...). Il est notable que, dans toutes les civilisations, on retrouve les mêmes thèmes plus ou moins sublimés, plus ou moins assumés. De même qu'il est notable que les sciences causalistes dévastent ce domaine avec les mêmes dégâts que les défricheurs de l'Amazonie. En les traitant de puéril, d'infantile ou de sauvage, en promouvant une vision d'entomologiste-expert, les savants occidentaux, notamment les structuralistes, ont donné mauvaise conscience à ceux qui osaient jouer le non-dit. Il n'y a qu'à voir la place disproportionnée et mal adaptée de la psychanalyse dans un pays comme le Brésil pour se rendre compte d'un tel dévoiement et de l'incapacité honteuse dans laquelle se trouvent les élites d'assumer l'héritage populaire. Ce qui devient interdit, nouvel interdit des temps modernes, ce n'est pas à proprement parler de jouer le non-dit, mais c'est d'en jouir. L'homme violé dans son intimité, objet d'expérience, n'ose même plus entrer en résistance comme ses prédécesseurs. Officiellement, il dit le non-dit au psychanalyste, au sociologue, à l'ethnologue... Mais il lui reste une intense frustration de cette objectivité terriblement réductrice et qui est tout, sauf la vie. (Or, comme tout ce qui relève du non-dit n'est pas instinctuel, donc pas obligatoire, comme il n'y a ni impulsivité ni compulsivité dans son expression, on entre dans le domaine de l'autorépression par peur du « qu'en-dira-t-on ». Et par refoulement, insistons là-dessus.)

Dans les sociétés anciennement esclavagistes, le dominé n'a plus à dissimuler. Il peut parler librement, les maîtres l'y incitent, écrivent même des thèses savantes. Ce faisant, ils dépossèdent le non-dit de ses fonctions. Ils interdisent l'hypocrisie qui était la manière de donner le change, de marquer sa soumission, d'acheter la paix et la bonne volonté du puissant, de se donner ainsi un espace de liberté. Dans les sociétés occidentales, il est de plus en plus licite de parler de la ou de sa sexualité, ce qui n'enlève rien à l'angoisse de chacun des sujets devant elle.

En perdant ses fonctions de sauvegarde, le domaine du non-dit est à la fois rétréci par rapport à ses dimensions traditionnelles mais, en quelque sorte, obligé d'explorer d'autres avenues, de donner un autre habillage, moderniste ou archaïque, à ce qui reste immuable et dont nous avons déjà parlé. L'actuel renouveau de l'androgynie en est une des marques les plus spectaculaires, comme si les référents habituels au problème d'identité sexuelle devenaient inconsistants ou, à tout le moins, ne remportaient plus l'intime conviction des êtres. Ainsi apparaît peu à peu la double nature et la double fonction du non-dit : archaïque et obligé d'intégrer la modernité, modalité de la sauvegarde identitaire de l'être et du groupe et mode d'expression plus ou moins censurée de sa peur de ne pas être, donc d'être avec une angoisse de mort, elle-même non censurée et permanente. On ne peut mieux entendre qu'ainsi le véritable sens de la chanson des Sex-Pistols intitulée *No futur*.

Il ne peut y avoir théorisation causaliste ou interprétative du non-dit sous peine de le forclore. La théorie du non-dit est la non-théorie : un suivi ample et souple modifiable à souhait. Il n'y a pas structuration d'un non-dit comme existe par exemple une structuration de la libido dans la théorie freudienne. Il y a héritage, transmis par chuchotements, dans le secret et, d'autre part, travail de construction et de destruction permanent, d'adhésion et de mise en doute, de distance et d'instante proximité. Le non-dit relève de l'intuition construite, mais il est aussi loin de la construction qu'il est loin du refoulé, aussi loin de l'instinct que d'une doctrine intellectuelle, même si, en apparence, lorsqu'il s'exprime, c'est dans un rituel élaboré. Intuition qui fait rejeter comme inadéquates les solutions officielles ou institutionnelles proposées, et qui amène à taire coûte que coûte certaines choses intimes alors que l'incitation à les exprimer fleurit, un peu comme le fou doit dissimuler à son psychiatre qu'il continue de délirer s'il veut sortir de l'asile. Intuition qui dépiste le désir et le fantasme, intuition qui permet à l'enfant d'être « innocemment » le pervers polymorphe qu'il est, intuition qui flaire « intellectuellement » le danger, qui cherche à s'identifier à l'instinct mais qui n'y parvient pas sauf dans les instants qui mènent à l'extase, à la possession. S'il ne peut pas y avoir théorisation causaliste, on ne peut nier la place importante de la mémoire individuelle et collective dans le non-dit. La tradition orale transmise de génération en génération, distordue dans ses origines, embellie dans ses mythes, est apportée par les fées dès le berceau. Quant à la mémoire individuelle, elle fonctionne un peu comme un filtre sélectif et déformant, enregistrant plus en fonction de l'atmosphère émotionnelle et de la mélodie que du fait lui-même : tout enfant se souvient d'un film qui l'a terrorisé dans son jeune âge, et qui, lorsqu'il le revoit, l'étonne par sa bénignité ou son ridicule. Ici non plus, il n'y a pas de frontières exactes entre le refoulé et le non-dit, sauf que les résistances ne s'exercent pas de la même manière : il n'y a pas pour le non-dit de soupapes de sécurité comme le sont les rêves pour le refoulé, ni de symboles, significatifs par leur apparente insignifiance. Le non-dit reste à créer, vigile tapi dans sa tanière, comme traqué. Il n'a pas pour lui les subterfuges de l'inconscient, il ne s'avance masqué que dans des cérémonies librement consenties; même s'il est mystère, sa signification n'a rien de mystérieux, du moins au premier degré, et n'a pas besoin d'un travail psychanalytique pour vaincre les résistances qui s'opposent à la reconnaissance du sens. Dans le non-dit, il y a télescopage du symbolique, du réel et de l'imaginaire à chaque instant, mais à chaque instant il peut y avoir remise en place, critique, censure. Il y a superstition mais, en même temps, il y a volontarisme. Il y a matière brute mais également sélection. Le combat interne ne se déroule pas avec un acteur-auteur passif devant les pulsions du ça et les résistances surmoïques, mais avec un acteur-auteur qui dispose d'une certaine liberté de manœuvre et de dissimulation. Aussi le non-dit est-il également le lieu-dit du désir et de la peur, ou de la peur du désir, ou encore du désir de la peur. Mais c'est aussi un lieu-dit politique où l'on exprime à soi-même : l'appétit, l'amour, l'aversion, la haine, la joie, et surtout la rancune. Sans que cela soit censuré ni par la respectabilité, ni par la réduction « civilisée » ou civilisatrice opérée par le langage. Les idoles constitutives d'un non-dit ne sont pas personnalisées comme le Dieu des juifs ou des chrétiens, ce sont des idoles alternatives et l'on peut toujours se protéger de l'une par l'autre. En bref le non-dit de l'homme est multiple, non unique, même si tel thème paraît dominant. En tous les cas, sa représentation sera variable, au moins émotionnellement : ses dieux seront des demi-dieux. Le non-dit est à la fois totalitaire et lieu idéal du compromis.

On voit que si l'on s'efforce de sortir du schéma causaliste, on ne peut qu'approcher le non-dit, l'encercler, tendre vers, par petites touches, par impressionnisme. Par définition, le non-dit cesse de l'être quand il est exprimé. Qui peut traduire l'atmosphère des affects? Même le sujet lui-même en est incapable, surtout s'il s'agit de superstitions, ou de surimpressions. Pour les mêmes raisons, des choses banales, apparemment objectives, peuvent être incorporées à un non-dit personnel, du fait justement du contexte subjectif dans lequel elles se déroulent : l'angoisse qui naît, chez un petit enfant au moment de s'endormir, des taches sur le mur, avant de s'endormir, la peur de l'explosion atomique et de la fin du monde pour de nombreux adultes... Même une approche purement phénoménologique est insuffisante et réductrice, tant nous sommes ici dans le domaine de l'instabilité, de la contradiction, des flux désordonnés, des courants. On peut retenir une ligne générale, des directions, mais il faut admettre que le non-dit est quelque chose de vivant, instable, en perpétuelle modification tâchant de maintenir une homéostasie acceptable entre un psychisme adapté au combat de la vie et les grandes et petites peurs, les grands et petits désirs personnalistes, entre l'enfant qui veut tout tout de suite et l'adulte qui sait qu'il y a des maîtres et des esclaves. « Nous les Karamazov nous sommes de tels insectes, et aussi nous sommes tout à fait comme des anges. » « Les insectes vivent en vous et déclencheront une tempête dans votre sang. » Le non-dit, c'est un peu cela à l'intérieur d'un être et il convient de l'analyser dans les instances importantes de la vie, mais il convient aussi d'analyser son influence au plan des institutions et son mode d'interaction relationnelle.

Car aussi intimiste et personnaliste qu'il soit, le non-dit, outre qu'il participe également d'une aventure collective, crée au su et à l'insu de l'intéressé des modifications extrêmement importantes dans les interrelations systémiques. Il n'y a qu'à voir le système familial, et notamment la relation mère-enfant. Nous savons, surtout depuis Freud, le rôle du désir de l'inceste, et la peur de la punition par castration du désir incestueux. Ce que nous savons moins, c'est l'intégration dans le non-dit des révélations d'un freudisme plus ou moins bien digéré : que se passe-t-il quand à tort ou à raison un adolescent se dit qu'il désire sa mère, ou son frère, ou sa sœur? En quoi cela modifie-t-il les possibilités de passage à l'acte, ou bien encore la culpabilité? En quoi la révélation relativement moderne du droit au plaisir pour la femme a-t-elle modifié le rapport homme-femme, le rapport possédant-possédé? En quoi les prises de conscience modernes ont-elles influé sur l'apparent développement de l'homosexualité? Et en quoi cette homosexualité « moderne » est-elle différente par exemple des pratiques homosexuelles traditionnelles dans des pays où la virginité des filles reste une valeur en soi? Nous n'avons aujourd'hui aucune vision satisfaisante de la manière dont cela fonctionne, de ce qui a été relativisé, des terreurs diminuées et des terreurs amplifiées au contraire. A l'agression naturelle du monde qu'apprend à connaître tout enfant, s'ajoutent – mais dans quelles proportions? – les agressions du savoir moderne, y compris la découverte plus ou moins censurée, par un enfant de ce qu'il est peut-être plus compétitif que ses propres parents vis-à-vis de la modernité.

Nous tenons que la contraception féminine est une révolution au moins aussi importante que la révolution industrielle au XIXe siècle : l'accession de la femme au droit au plaisir sans le risque de la procréation est en train de bouleverser les rapports hommes/femmes et portant leurs images représentatives dans le psychisme du jeune enfant. Mais il y a également l'extrême rapidité des acquisitions scientifiques, les constants bouleversements conceptuels et les remaniements adaptatifs incessants qu'ils imposent. Il y a la révolution de l'information par l'audiovisuel et la télématique, qui fait que « Big Brother » peut être partout à la même heure, des Philippines au Brésil, et que E.T. est au même moment l'incarnation du dit et du non-dit moderne aux antipodes. L'uniformisation de l'information va de pair, et ce n'est pas innocent, avec la possibilité de clonage des êtres par la biologie, le développement des « bébés-éprouvettes » et les progrès de la psychochimie (notamment le développement de la catégorie des « tranquillisants » ou des « antidépresseurs »). Face au développement de ce type de modèle unique, l'homme a un double mouvement contradictoire : d'une part, il veut intégrer à toute force cette modernité, il veut en être. Toute exclusion est vécue comme un drame (cela est frappant chez les jeunes, pour leur culture dominante, la musique). D'autre part, il y a le recul ambigu devant la peur de n'être pas à la hauteur et surtout d'y perdre quelque chose de sa spécificité, de son identité. Plus que jamais le non-dit permet d'échapper au totalitarisme. Il décode les codes, renverse les clôtures, permet l'extase, la jouissance. Sans dit, il n'y a pas de non-dit. Sans non-dit, il n'y a plus de dit. Il y a de l'ordre, de la mort. A contrario le non-dit isole, parfois jusqu'à la pathologie. Le terrorisme s'est déplacé. Il n'est plus exactement celui du maître sur l'esclave, de l'oligarque sur le paysan ou l'ouvrier. Il est celui du pays dominant sur les pays dominés, pas forcément par la force militaire, mais par l'emprise psychologique, la domination culturelle, le modèle de consommation, le modèle sexuel : ainsi l'importance des prouesses amoureuses des acteurs américains a un retentissement sur la vie sexuelle des populations et sur la création de névroses sexuelles assez inimaginables. Nous avons déjà parlé de E.T. mais des mythes, comme celui de Superman qui a succédé à celui de Tarzan autrefois, sont à la fois des modèles identificatoires et des modèles repoussoirs, tellement on se sent ridicule avec un petit sexe, devant eux. C'est tout cela qui forme aujourd'hui une nouvelle réalité inconnue, avec sa part excitatrice et sa part répressive, son archaïsme renouvelé par la modernité sans que l'on puisse réellement savoir s'il s'agit d'un rajout superstructurel et donc labile ou s'il s'agit d'une modification intrapsychique réellement fondamentale. On peut toutefois dire que l'impact émotionnel et affectif est suffisamment fort pour engendrer non seulement des thèmes délirants mais également de véritables délires structurés. De même, nous ne savons pas très bien comment s'organise et se déroule le combat psychique permanent entre l'ancien et le nouveau, l'archaïque et la modernité, qui est l'allié de qui, et à quel moment, notamment par rapport à la loi et à la norme, à l'Ordre et à la Morale. Cela est d'autant plus important à connaître que nul champ de conscience n'est un espace libre, et que de même que la membrane cellulaire est en constant équilibre instable, traversée par le flux et le reflux des ions chimiques, de même ce qui se passe entre l'inconscient et le conscient d'une part, mais surtout entre le conscient et le monde extérieur, est fondamental quant à l'organisation de la vie, voire de la survie. Ce qui pénètre dans la tête d'un homme est conditionné par ce qui se passe dans l'environnement. Ce qu'il en fait est conditionné par sa propre histoire, celle de sa fratrie mais aussi, nous ne le répéterons jamais assez, par la charge émotionnelle et affective de l'instant. Le non-dit a besoin d'une acmée et d'une scansion pour devenir part de l'individu. A l'inverse, et quelquefois à la surprise d'autrui, l'expression du non-dit a besoin d'une charge émotionnelle et d'une acmée pour se traduire en passages à l'acte et pour ne pas devenir un refoulé, source de pathologie ou une espèce de réserve mentale malsaine, productrice de malheur. Mais s'il n'y a pas entière liberté à son expression, s'il faut ces conditions et parfois une véritable mise en scène (comme dans les cérémonies des vaudous), il y a, et c'est là sa spécificité, possibilité de choix sélectif dans cette expression. Une liberté surveillée en quelque sorte, sans aucun déterminisme obligatoire. Bref, une démarche qui est un défi à l'illusion scientifique. On ne peut pas réellement prévoir ou analyser le contenu du non-dit, sinon dans ses thèmes, du moins dans son intensité, et on ne peut pas non plus prévoir la forme et l'instant de sa sortie de la clandestinité provisoire. Bref, le non-dit est mystique et superstitieux mais il est également volontariste. Son contenu relève de l'imaginaire et du symbolique mais sa sortie du ghetto personnel relève d'un réel plus ou moins contrôlé, en tous les cas, toujours contrôlable. Ne relèvent pas du non-dit les lapsus, les rêves à thèmes clefs, les mots d'esprit. Le non-dit n'a pas le sens de l'humour, même s'il a le sens de la caricature, même si, dans ses expressions symboliques, il défigure jusqu'au grotesque les représentations de ses divinités. Seul le non-dit de l'enfant, lorsqu'il hallucine le réel dans le jeu, s'exprime avec une spontanéité quasi innocente et joyeuse. Sinon, pour qu'il s'exprime, il faut le secret et le sacré, l'initiation lorsqu'il est ritualisé et lorsqu'il est réduit à l'expression solitaire, la méfiance sournoise, la réticence calculée, la demi-mesure. Comment pourrait-il en être autrement, puisque les fonctions essentielles du non-dit sont de lutter contre l'évidence du réel : en vrac, la taille du sexe, l'instinct de mort, le statut d'esclave... Il oppose une connaissance empirique et instinctuelle à une connaissance perfectionniste et perfectionnante qui prétend détenir les clefs du progrès en expliquant tout, mais qui n'arrive pas à empêcher l'homme d'être malade, inéluctablement mortel et souvent misérable. Il oppose une conception fusionniste où se mélangent par exemple le plaisir et la douleur (par évidence dans le sadomasochisme), la vie et la mort, la résurrection avec réincarnation et le retour à la poussière, à une conception en général dualiste qui semble nous gouverner.

Prétendre que le non-dit est l'antiscience serait inexact. Il est en dehors de l'explicatif, marginalité du sens et sens de la marginalité, « je-ne-sais-quoi » ou « presque-rien » qui rappelle qu'il y a d'abord de l'être. Le discours scientifique a une fonction de réassurance organisatrice. Le non-dit organise à la fois l'assurance et la peur, sans sacrifier l'une à l'autre. Sa légitimité l'incarne dans l'intime conviction de l'être. En dehors même du contenu qu'il élabore, le non-dit est. Et le sujet pourrait annoncer : « J'ai mon non-dit, donc je suis. »

I

Sentiments

Le non-dit de l'androgyne

Rio de Janeiro, carnaval : l'extravagance androgyne s'étale comme une mariée, pour trois jours seulement. Après, avant, elle redevient machiste. Tel lutteur des quartiers nord, plus folle que toutes les folles, vous planterait un couteau dans le ventre si on mettait en doute sa virilité.

Rio dit tout haut ce que chacun vit tout bas. D'ordinaire, les censures individuelles et collectives fonctionnent suffisamment bien pour que seuls les plus malades ou les plus fragiles s'autorisent à les transgresser dans la quotidienneté.

Et pourtant, signe des temps, nos sociétés autorisent de plus en plus souvent l'androgynie à sortir de sa clandestinité : dans les sciences biologiques par exemple, où, sans complexe aucun, nos fécondateurs mettent enceints les hommes, en tous les cas, explorent de plus en plus systématiquement les chemins qui y conduiraient; sur la scène de spectacle où, depuis des décennies, les stars, essentiellement pour les jeunes, musiciens et chanteurs, provoquent sexuellement leur public sans aucune restriction, sans aucune pudeur (de Mike Jagger à Mikael Jackson par exemple); dans la république des lettres où l'androgynie redevient le thème de débats littéraires ou scientifiques, d'exercices d'anticipation à propos d'un futur unibisexe.

Phénomène de mode ou d'interrogation, la tentation androgyne n'en reste pas moins extraordinairement difficile à vivre, et partant à dire. Elle l'est d'autant plus qu'elle risque de s'intégrer dans une anthropologie doctrinaire dont les neurosciences se font les chantres et d'entrer ainsi dans un déterminisme des malformations, ou bien à l'opposé de revenir dans le champ des mythologies d'une pensée sauvage vécue comme archaïque ou réservée aux non-civilisés, à l'image des cultures de l'umbunda ou du candomblé au Brésil.

Que l'androgynie soit au cœur des débats modernistes ou des résurrections archaïques, elle est suffisamment dans l'air du temps pour que le destin individuel des sujets qui la vivent d'une manière plus ou moins douloureuse dans le quotidien, mérite d'être interrogé.

L'androgynie peut être née d'une obligation, mais c'est lorsqu'elle devient figure d'un désir qu'elle pénètre dans le domaine du non-dit.

Le temps est toujours présent à l'anathème moral et légal qui enferme l'androgynie dans une certaine condition mentale, biologique ou zoologique. Mais il s'agit d'une fausse connaissance, obscurcie par le préjugé moral et légal. On le voit bien avec les cas humains d'hermaphrodisme confiés, et avec quel malaise, à la clinique médicale.

On ne peut d'ailleurs qu'être frappé par la différence entre le malaise devant ce type de « malformation » et l'acceptation de stratégies mythologiques et sociales qui donnent droit de cité à l'androgynie. Une fois de plus, l'usurpation devient Privilège du collectif alors même que le destin individuel reste cruellement frappé d'interdits multiples et sévères, étroitement liés au fait incontournable que l'androgynie reste vécue comme une transgression de ce qu'on appelle « l'Ordre Naturel ».

Seuls, ceux qui, comme les toxicomanes, ont en quelque sorte un mandat de transgression par tous les moyens, parce qu'ils ont une béance insupportable à combler, s'y risquent, à tout le moins dans le domaine de l'imaginaire. Il leur est d'ailleurs tout aussi impossible de ne pas vivre leur tentation androgyne que de l'assumer.

Mais que se passe-t-il pour tant d'autres qui n'acceptent pas la séparation manichéenne entre le masculin et le féminin tout en admettant que c'est comme cela que fonctionne l'ordre du monde, et qui vivent avec le sentiment d'une profonde blessure?

Le vert paradis des amours androgynes

L'enfant, lui, pervers polymorphe innocent, l'exprime sans fard : « Je veux me marier avec ma maman », dit la petite fille, indifférente à la distinction des sexes; elle veut aussi se marier avec son papa. Combien de petits garçons se mettent un oreiller sur le ventre pour « jouer » à la femme enceinte ou dérobent les chaussures à talons hauts de leur mère pour un travestissement qui alors attire toutes les indulgences. Ce jeu ne saurait durer, et dès l'école l'enfant apprend, avec rudesse, l'obligation de simplicité binaire, renvoyant l'ambivalence du désir à la censure, au non-dit.

Des images de héros exemplaires servent de caution, d'autres images de repoussoirs, façonnant peu à peu le monde de l'inaccessibilité, en vertu d'une règle du jeu qui ne laisse de place qu'à l'agressivité de chacun contre soi et du groupe contre celui qui oserait transgresser, s'inventant ainsi un bouc émissaire. Mais l'androgynie redevient une réalité quasi clinique dès lors qu'apparaissent les premiers émois de l'adolescence. Certes, la pratique si courante des attachements homosexuels fonctionne plus comme un « ersatz ». Mais nul ne peut contester aujourd'hui que la sexualité est de plus en plus libérée, pas plus qu'on ne peut nier la part désirante de ces jeux où chacun se débrouille entre l'obligation du plaisir et l'obligation de la « normalité », entre la fuite devant et la fascination pour le désir enfin réalisé, avivant la présence ambiguë de l'androgynie morphologique chez certain(e)s adolescent(e)s, auxquel(le)s le flou artistique de la posture, de la voix, du grain de peau donne un alibi à l'expression du désir. Comme s'il y avait là une hésitation biologique et psychologique avant le choix définitif!

Puis il y a tous ceux qui en apparence dépassent ce temps, marquent le choix. Alors commence le domaine du non-dit.

Les rituels de déplacement

L'androgynie bouleverse ce qui est donné comme « l'Ordre Naturel » profondément censuré. Elle ne réapparaît que lorsque surgit une tentation suggestive. Cette tentation suggestive, bien des artistes l'ont exprimée comme les peintres Johann Füssli, Magritte (« Le rêve de l'androgyne ») ou encore Hans Bellmer. Mais l'œuvre d'artiste inscrit l'androgyne dans l'exceptionnel, et non dans la vie quotidienne de l'homme quelconque.

De même l'androgynie peut être ritualisée (encore que l'on puisse se demander comment les fidèles perçoivent la chasuble des enfants de chœur!). On pourrait dire même que l'expression rituelle est organisée institutionnellement pour servir d'exutoire afin d'assurer un fonctionnement « en douceur », qui permette de supporter la coercition quotidienne de la séparation des sexes. Le rituel permet un interdit à éclipses et le premier non-dit réside dans l'attente passionnée par certains de ces instants ritualisés où ils peuvent s'autoriser, sans être passibles de sanctions, une certaine forme de transgression. Encore faut-il d'emblée souligner la part inéluctable de déception qu'entraîne toute transgression ritualisée, puisqu'elle ne peut jamais se réaliser intégralement dans la chair et par la chair, et qu'elle n'est que mime. Quoi qu'il en soit, il existe dans de nombreux groupes sociaux des rites de tonalité androgénique : les rites mutilatoires de certaines sociétés, marqués au coin d'une certaine souffrance par laquelle s'exprime la punition d'avoir osé braver l'interdit; la délégation à des individus de la possibilité d'occuper certains postes androgynes (les prêtres par exemple) soit d'une façon permanente, soit à l'occasion de certaines fêtes; la transgression collective pour un temps limité (nous l'avons déjà dit à propos de carnaval).

Le sujet pour justifier son inavouable penchant a besoin du caractère exceptionnel de la fête pour le réaliser. Mais à y regarder de plus près, les mois de préparation puis les mois de souvenirs assurent les prolongations, même si on ne vit plus à l'acmé du paroxysme. Le non-dit du désir s'autorise alors des échappées dans les essayages, les préparatifs, les commentaires : un foisonnement d'images permet de supporter le non-passage à l'acte.

A un degré moindre ou plus dénaturé, il en va de même avec les spectacles de travestis. Non pas tant les travestis eux-mêmes, mais les spectateurs : couples mariés, portant haut, pour les hommes, leur virilité et dont les commentaires souvent graveleux et presque toujours forcés masquent mal le malaise et le désir, quand ce n'est pas le malaise du désir. Rien n'oblige de tels spectateurs à ce semi-dévoilement qui apparaît bien comme une quasi-obligation pulsionnelle pour son propre imaginaire

Le dévoilement par la violence

On a coutume de dire que dans le viol, la victime est, d'une certaine manière, consentante. La question se trouve posée de ce qui dans ce consentement n'est pas extériorisation du désir d'être l'autre, ce que, par ailleurs, l'on peut souvent voir dans les productions délirantes. Le viol, comme le délire, autorisent, par la violence, la restitution de l'être primitif, quasi embryonnaire, et la reconstitution paradoxalement sans risques de cette autre réalité de soi.

Lorsque le castrat chante Bellini, on oublie dans l'épanouissement du contre-ut la somme de violence, volontaire ou non, qu'il a fallu employer pour reconstituer « in vivo » l'androgyne de la mythologie, et la démarche trouble qui veut annuler le naturel vieillissement et rendre hommage, dans la voix enfantine et tout autant féminine, au désir du bi-face éternel, comme symbole réalisé de la grâce et de toutes les amours possibles.

Ailleurs la voix trahit, ici elle affirme, provoque l'émerveillement, tout autant le malaise : comme le bouffon de cour, le castrat est là pour témoigner du non-dit des autres. Ce n'est pas un hasard si seule la puissance des princes et des rois, celle des papes également qui affirment vivre une vie de chasteté, peuvent afficher une telle insolence. Mais l'audace a des limites. Seule la voix n'en a pas : écoutez-la qui porte si haut, le plus haut possible, là où ni l'enfant seul, ni la femme, ni l'homme ne peuvent aller. Le défi est à la mesure de l'audace. Le prince lance le défi de sa nature profonde. Personne ne peut dire si le castrat regrette de l'être ou se trouve délivré, supérieur ou ailleurs. Il doit en être du castrat comme de l'esclave qui hait sa condition et redoute d'en avoir une autre. Seul, le castrat ne peut pas être libéré et son androgynie à son tour dépasse la volonté du maître, lui échappe pour devenir le masque grimaçant de la vieillesse et de la laideur : autre non-dit qui renvoie le maître à la destinée humaine et à l'angoisse de mort. Castrat, violé, victimes d'une même violence et d'un même désir sont l'autre face de la guérison ou du travestisme.

Lorsque la nature ose plus que ne l'y autorise le contrat

social, ceux qui incarnent la transgression sont à l'extrême du fantasme archétypal, la question restant posée et entière, de ce qui dans le non-dit du violenté suscite le passage à l'acte du violateur.

Il y a cependant une différence de taille entre le castrat et tous les autres : le maître lui inflige un statut au-delà de la mort. Il le mutile plutôt que de le perdre, il viole l'interdit mais au prix d'une non-possession de la totalité de son désir, puisque le castrat n'est plus tout à fait l'androgyne, tandis que l'enfant à la voix sublime n'aura pas la féminité ambiguë du désir accompli jusqu'au bout. Le désir du maître témoigne malgré tout du non-dit, de l'impossible, même dans le viol de l'interdit, d'assouvir l'impossible, d'assouvir la passion. Passion transcendée alors par la voix et dans la voix, dont on notera qu'elle chante avec la même fréquence la mort et l'amour. Le désaveu du principe de réalité vient du plus profond de la gorge et dit tout haut au seigneur ce qui échappe à sa propre conscience : je me donne à toi, à la limite extrême de tout ce qui peut être mais ce n'est que dans la voix et plus jamais dans le sexe – seigneur ni toi ni moi n'y pouvons rien (en tous les cas pas autre chose, cet autre qui est le non-dit de notre passion).

Notons en incidente qu'une autre façon de transcender la difficulté de réaliser l'androgyne parfait se trouve réalisée dans le théâtre Kabuki japonais où tous les rôles stylisés et symbolisés sont joués par des hommes, la stylisation permettant de renvoyer le désir au niveau du symbolique (en tout cas de la convention), c'est-à-dire renvoyant au jeu et à la mise en scène, ce qui ne peut se formuler et se vivre dans le quotidien. La stylisation (symbole et déguisement) ainsi que la banalité assez niaise de l'histoire qui sert de prétexte à l'exhibition des personnages androgynes permettent de conjurer le danger occulte. En offrant au spectateur le repère de la banalité, elle lui fait accepter la symbolique, puis au-delà la confusion des sexes. Le non-dit réside dans le passage de l'un à l'autre dans le for intérieur de chaque spectateur. Mais il serait inconvenant de l'exprimer ou même de le partager avec d'autres.

La violence du dévoilement

L'homme quelconque n'ose pas même ces passages à l'acte et vit plus ou moins cruellement la guerre des sexes au quotidien! Il y a toujours à la fois désir de l'autre, et à travers cet autre, désir d'un autre en soi. En d'autres termes, l'homme quelconque vit le désir en état de manque. Ce manque-là est ce qui pourrait combler une béance, reconstituer une unité plus mythique que réelle mais dont il a d'autant plus la nostalgie qu'en jouant sa partition sexuelle « normale » il accumule insuffisances et frustrations. Ce désir, il le vit comme interdit et comme obscène. Il le vit avec la jalousie de celui qui voudrait bien s'approprier ce que, dans l'autre sexe, il ne possède pas. (La psychanalyse insiste beaucoup sur la convoitise du phallus par la femme et sur l'angoisse-désir de castration chez l'homme.) Et si ce type de désir est rarement avoué, tant la censure est importante, il trouve mille expressions, non dites, dans le passage à l'acte artistique (masques africains bisexués, statuaire hindoue ou bas-reliefs romans par exemple) ou ritualisé dont la plus haute expression se trouve dans la Genèse qui fait d'Ève un produit de la côte d'Adam et d'Adam un être qui a perdu quelque chose de son intégralité.

Nous voilà ramenés au manque, à cette perte d'intégralité que tous ressentent plus ou moins (comme le démontre le discours qu'écoute tout psychanalyste dès lors que s'autorise ce dévoilement) mais que peu expriment.

Qu'est-ce que fait donc le poids d'une telle censure, d'un

tel interdit alors que le mythe de l'androgynie existe de tout temps et dans toutes les civilisations? Et que l'androgynie existe, presque au sens parfait dans le cas de la femme enceinte. Sans doute faut-il y voir justement le poids séculaire de l'androcentrisme par lequel l'homme assure son pouvoir, assigne à la femme le seul statut d'objet sexuel et l'instrument justement androgyne de la reproduction. Dès lors, pour lui, reconnaître son désir androgyne serait glisser vers une position inférieure et, de possédant, devenir possédé. Cette position a pour corrélat l'angoisse – celle de perdre son identité, et de laisser se dévoiler une faiblesse qui l'exposerait à l'humiliation. Comme le dit Jean Libis : « La différenciation des sexes se vit sur fond de risque et de violence. »

C'est d'abord dans l'angoisse du risque de violence à travers la guerre des sexes que réside le premier non-dit. L'androgynie peut se présenter comme perdue à la vérité du désir, et résoudre ainsi la question du manque, quitte à se payer avec des remplaçants : désir incestueux de la mère pour l'enfant ou, au contraire, désir de la mort d'un enfant qui la renvoie trop à la différenciation des sexes. Fantasmes de grossesse de l'homme, si souvent rencontrés dans les cures analytiques, notamment de névroses hypocondriaques.

Dès lors, l'hypocondrie devient le seul accès possible à la censure, au non-dit de l'androgyne perdu à la vérité du désir. Ce qui est certes douloureux mais combien plus rassurant pour l'homme quelconque qui préfère les bénéfices de la maladie aux supplices de l'exclusion!

L'hypocondrie est un avatar, un déplacement de la bisexualité. Lorsqu'on interroge un hypocondriaque, il arrive très facilement à décrire une bête étrange qui lui ronge le corps. Cette incorporation-incarnation d'un autre sous forme animale appartient aussi en quelque sorte au non-dit. Mais dans son développement le plus simple et le plus courant, l'hypocondrie reste le champ d'un autre en soi, en lieu et place d'une tendance réprimée – que l'on assimile trop rapidement à une tendance homosexuelle, alors que les choses sont à la fois plus simples et plus compliquées : la tendance homosexuelle n'est que la voie traditionnellement ouverte et interdite pour combler le manque. Voie illusionnelle, car ce n'est pas dans l'autre que se trouve le manque ou la solution au manque, mais en soi, dans la côte enlevée à Adam pour fabriquer Ève – comme chez le toxicomane, la douleur manifeste le « souvenir » d'un ailleurs, de quelque chose qui a été et qui n'est plus. Ce n'est pas extravagance que d'évoquer à ce propos la gémellité imaginaire.

L'actualité de la souffrance somatique, en ce qu'elle porte dans le corps, amène à interroger sur son contenu dès lors que ce n'est pas le langage qui peut parler. Le contenu nous semble être le désir du sujet de s'engager là, pour ne pas s'engager ailleurs, notamment, bien évidemment, dans le domaine de la sexualité. La sexualité masque subtilement l'angoisse autre d'une non-identité. Alors le corps parle à la place de l'identité. Il ne s'agit pas, bien sûr, de réduire l'hypocondrie à cela, mais de pointer ce qui est censuré, même dans une lecture psychanalytique ou clinique de l'hypocondrie. Ce que Freud dit de la mélancolie – « la perte s'est bien produite mais on ne parvient pas à savoir avec précision ce qui a été perdu » – peut et doit s'appliquer à l'hypocondrie.

L'importance douloureusement exquise du corps hypocondriaque oblige à un inventaire de soi qui ne peut pas trouver d'issue dans une explication objective « scientifique » classique. Elle oblige à approcher encore plus la réalité intime du sujet qui, plus que d'autres, a besoin de communication, de parler au plus vrai sa douleur. Mais en même temps, cette part de vérité – la tendance androgyne – reste le plus souvent inaccessible (sauf en cas d'hypocondrie délirante) et explique partiellement l'incurabilité de tels symptômes. Et ce, d'autant plus que le sujet a honte devant autrui. C'est à partir de cet impensable que s'articule une sorte de duo moral, symptôme qui englue le sujet et dont il ne peut pas sortir, en tout cas dont ne peut sortir l'expression du désir de poser autrement la question de la différence des sexes.

Celui ou celle qui arrive à s'en sortir le fait souvent par le moyen d'un fétichisme plus ou moins mineur ou de comportements généralement reconnus comme pervers, offrant au désir insoupçonné l'issue d'une approche par la douleur ou d'autres démarches érogènes plus ou moins élaborées, mais qui ont en commun de n'être pas fertiles. La stérilité de telles démarches incarne *in fine* la stérilité de la position androgyne, miroir qui se brise dès lors que, pour la première fois, on y recherche son identité.

Le langage perdu est celui qui pourrait sublimer cette stérilité dans une référence à l'unité gémellaire et renvoyer le fantasme au mythe. Mais bien peu (en dehors des délirants) s'y aventurent par peur d'en payer un prix trop élevé. C'est encore une autre façon de parler de la dette que porte en lui tout homme et qui serait ici celle de la séparation d'avec la fusion originelle, celle qui fait de la femme enceinte le modèle parfait de l'androgynie, position insoutenable qui entraîne le dérobement et d'abord celui de la parole.

De fait, la plupart des sujets n'en veulent rien savoir et redoutent comme la peste ce qui, dans le lapsus linguae, le mot d'esprit, le rire efféminé, le chaloupement d'une démarche, révèle en une rapide fulgurance l'autre moitié d'eux-mêmes. Le piège du dévoilement est plus menaçant que la pratique du fétichisme (qui est moins létale socialement). Le problème de l'androgynie est, bien que « ça parle », là où on voudrait que ça ne parle pas.

Le témoignage involontaire incarne la vérité intime, au maximum dans l'hypocondrie, a minima dans le fétichisme, et encore dans la caricature du travestisme. Mais la volonté du sujet est, elle, dans l'effort d'annuler cela pour signifier qu'il s'agit tout au plus d'expériences extraordinaires, comme celles qui s'extériorisent au cours de l'ivresse, mais que le contrôle social et le surmoi ont fait en sorte que tout cela soit archaïque et en fin de compte sans importance, en tous les cas ne menace ni le sujet ni le groupe par une autre naissance d'un sujet biface. Le non-dit se réfugie dans la subjectivité et l'imaginaire, dans le sadisme de soi vis-à-vis de soi, dans cette peur perpétuelle et parfois actualisée de la menace de cette naissance biface. Cela passe par une sorte de discours intérieur où tout est à la fois affirmation et déni, expression et contrôle. Parler à soi permet d'éveiller son désir et en même temps de l'endormir. L'expérience clinique est là pour authentifier le double mouvement de la prise de parole intérieure et de sa censure extérieure qui ne cesse que pour les délirants, dès lors qu'ils ne sont pas sous neuroleptiques! Mais c'est parce que cette parole intérieure n'est pas suffisamment ni constamment dédouanante qu'elle laisse s'échapper le lapsus ou la mimique, ou encore ce rire si aigu là où on l'attendait mâle et viril. Il faut aussi ne pas omettre la part des rêves et des cauchemars bien qu'ils s'avancent souvent masqués et ne sont révélateurs de sens que par réminiscence. Tout psychanalyste sait comment il intervient comme mémoire du désir de l'autre.

Lorsqu'il n'est pas un langage perdu, le non-dit a donc une fonction quasi autothérapeutique, ce qui n'exclut pas, loin de là, les formes du plaisir, éventuellement autosadomasochiste. Nous retrouvons ici la fonction du non-dit qui obéit à une sorte de logique régressive : cantonner une identité gênante dans un champ, à mi-chemin du refoulé de l'inconscient et du dit révélateur, et le cantonner à mi-chemin de l'imaginaire et du raisonnable théorisé. Comme vérité de soi pour soi, réalité qui ne peut s'exprimer à l'extérieur sans risquer d'être désavouée avec une impitoyable violence, alors même que tout désaveu de la part du sujet lui causerait à lui-même une insupportable et humiliante blessure. Le conflit et l'enjeu reviennent à ce que G. Bataille a appelé « une relation interne entre l'interdit et la transgression ». Sauf qu'ici, la transgression n'est pas seulement dans l'acte, mais dans et par la parole.

Mais, même lorsque la parole ose, elle se camoufle sous les espèces d'une mystification railleuse, d'un défi qui interdit d'y aller voir de trop près, le langage étant alors plus un « mode d'action » (au sens de Bion) qu'un moyen de communication, comme l'attestent l'ironie et la dérision. La parole qui ose passe par une mise en scène théâtrale qui vaut tout à la fois négation de l'ambiguïté et exhibition pour qui cherche à la déchiffrer. En fait, l'ironie est ce moyen subtil qui évite de se trahir sans interdire de se dévoiler un peu. Cette course d'obstacles est à la mesure des conflits entre les aspirations affectives qui risquent de devenir mortifères si elles n'arrivent pas à s'exprimer et l'enjeu social (parfois familial) qui serait assassin si le sujet se restituait.

Réaliser l'être androgyne

Le symbolique ne peut être qu'un déplacement culturalisé du désir d'autant plus fort cependant que la censure par ailleurs est plus sévère. De même, le rapprochement brutal du viol est-il exceptionnel. La place du désir androgyne comme protection vis-à-vis de la loi de l'autre, à savoir la castration, et plus loin la mort, n'est pas, elle, exceptionnelle. Réaliser l'être androgyne, c'est accéder à la totalité immortelle et ne plus être soumis à la loi commune. La frustration de ne pas être androgyne est proportionnelle à la force de l'angoisse de castration et de mort. C'est là un autre versant du désir androgyne qui peut encore moins s'exprimer que la pulsion désirante et qui est encore moins recevable dans son for intérieur. Il est extrêmement rare de redécouvrir une nomination langagière courante de cette donnée permanente du désir androgyne. Seuls, les chamans et les pères des saints, par la voie de la ritualisation, sont délégués par leurs groupes sociaux pour se conduire comme une femme et parfois même prendre, le temps de la cérémonie, un mari. Mais la rencontre de ce versant symbolique et de la jouissance est, elle, extrêmement rare dans le quotidien. Seul ou à peu près seul, le toxicomane permet au corps et à l'imaginaire d'être, plus ou moins instantanément, en harmonie ici et maintenant. La jouissance permet en quelque sorte l'angélisme : un « être » non sexué, donc non séparé, et qui vit dans le Nirvana ou dans l'archaïque d'avant l'obligation sexuelle. La toxicomanie dans l'illusoire visée d'amalgame des contraires et dans une suspension du temps vécu est la seule tentative non ritualisée ou non caricaturale de vivre l'androgynie. Mais la toxicomanie reste un agi et non un dit. Et cet agi, même à son acmé, ne produit qu'une illusion hallucinée, renvoyant celui qui transgresse encore plus fort et plus douloureusement à la castration et à la mort. Plus la chute, le retour au réel seront douloureux et plus le toxicomane se renfermera dans un non-dit impitoyable puisqu'on paye socialement en actes et que la société, faute d'entr'apercevoir le contenu vécu de l'extase, n'enregistrera que le manque et la douleur. Le désaveu de l'imaginaire est le prix à payer!

A ce point, on objectera que nos exemples renvoient plus au désir d'être l'autre sexe qu'au douloureux impossible de la tentation androgyne : toute recherche de la complétude passe par l'annulation d'une partie de soi-même, et la visée androgyne est moins gemellaire qu'incestueuse. L'être bisexué est au fond complexe et rejoint une mère idéale qui serait soi, enceinte de soi et toujours homme. La scène de l'accouchement public d'un homosexuel dans le film *La Peau* en offre une illustration frappante.

Comment pourrait-on dire – sauf avec l'innocence de l'enfant qui dissimule un oreiller sous sa chemise – une telle monstruosité du désir? L'angélisme est plus avouable et plus avoué (ne serait-ce que dans la tradition pieuse de la peinture italienne), mais il aboutit au castrat. Le désir de l'androgynie mène quoi qu'on en fasse au dilemme suivant : désir d'être castrat ou maintien (ou rétablissement) du lieu totalitaire avec la mère protectrice et haïe, qui, seule, est à même de refaire le cordon ombilical, réalité somatique d'une androgynie renvoyée à son archaïsme. Sauf à choisir la mort, seul état où s'abolissent les pulsions vitales – ou sauf à vivre en un état de coït permanent qui approche de la fusion, ce qui est impossible – il reste à composer avec l'imaginaire et l'interdit, sans la fatalité de l'hermaphrodite et sans le risque du toxicomane. C'est au discours intérieur qu'il revient de permettre que le sujet puisse tirer profit et non maladie des oppositions qui, toujours et encore, aboutissent au manque, à la profonde insatisfaction de l'homme séparé à sa naissance et qui aura l'intime désir de découvrir le négatif de sa sexualité « normale ».

La souffrance de l'homme est inégalitaire : certains ne ressentent jamais assez le manque, la déchirure archaïque, pour n'être pas capables de les nier. D'autres encore, nous l'avons vu, doivent aller jusqu'au bout, menés par l'insupportable douleur, et entrer en révolte contre l'apparente complétude de la détermination sexuelle. Beaucoup vivent dans un malaise semi-permanent, à la recherche d'un je ne sais quoi (« Le temps perdu » de Proust), qu'ils s'attachent à occulter ou qu'ils découvrent au contraire à l'occasion d'un hasard, d'une rencontre (on pense par exemple au retour inopiné du refoulé en analyse). Pour ces derniers commence l'élaboration sinueuse d'un état entre le ressenti et le théorisé, la volonté d'assumer ou celle d'éradiquer le risque, le principe de plaisir et le principe de réalité. Le conflit est activé si intervient une certaine rencontre qui introduit le trouble, le désarroi, non seulement au plan du désir, mais plus encore au plan de l'identification. Que fait l'homme quelconque quand surgit la passion, inattendue et « anormale », s'il a le choix de paniquer ou de passer à l'acte? Et s'il passe à l'acte, quel en sera le bilan dans l'économie libidinale du sujet? Que fait le sujet avec son incomplète solitude? Certes, les mécanismes de sublimation vont entrer en jeu et fonctionner : la nature de l'être n'en aura pas moins été mise en cause dans le passage à l'acte. La nostalgie, l'angoisse, le désir fou deviennent des lieux communs, comme la méfiance permanente vis-à-vis de ceux ou de celles qui pourraient jouer les trouble-fête. Nous l'avons déjà dit, à l'extrême, de telles situations peuvent engendrer des délires, surtout paranoïaques, mais parfois plus dissociés encore, quand même la paranoïa n'assure plus une défense suffisante; ou quand la créativité (œuvre, enfant) n'est pas si forte qu'elle puisse susciter la dérivation nécessaire.

La plupart du temps, le sujet trouve les compromis nécessaires, les assure tant bien que mal et voit, avec le temps qui passe, s'installer la dégradation de son impossible identité. Mais que vienne à nouveau à se produire une rencontre, un coup de nostalgie, un zéphyr de musique, et le fragile édifice risque de s'effondrer, d'aboutir à la mélancolie, au plaisir douloureusement exquis de l'impossible et de la frustration. Ainsi, tout homme est ligoté au hasard organisateur de la fragilité de l'être et de l'équilibre. La quête, en même temps que la peur et l'évitement de ce hasard, rythment le non-dit de tels êtres tandis que s'ébauche et se défait dans le for intérieur l'esquisse de la totalité. Le jeu de l'imaginaire organise une imagerie complémentaire qui ne se suffit jamais à elle-même, renvoie au manque ou « au visage du premier Satan qui était d'un sexe ambigu » (Baudelaire), c'est-à-dire aussi bien à la frustration, essence du non-dit de l'homme aux prises avec son problème d'androgynie.

Il ramène l'homme à la morbidité, au moins à l'altérité « en tant que seuil d'une perfection » (Jean Libis). L'objet du désir reste inatteignable. Et s'il était atteint, il se dénaturerait inéluctablement en déception. Le non-dit vagabonde entre le sommet et les mille ruses pour ne pas y parvenir, tant serait grande la déception. Cette recherche de l'autre en soi-même est bien plus permanente que la recherche d'un corps aimé dont chacun sait qu'elle aboutit, elle, à la pluralité des corps aimés et donc, au contraire, de l'unité gémellaire. Mais en même temps, la pluralité est la voie ouverte et la plus proche de la normation, contradiction donc encore et qui fournit un de ses plus beaux thèmes au non-dit qui doit affronter à nouveau, après la répétition, une déception incontournable.

L'être parfait n'existe pas ou n'existe plus. Il n'en reste que la tentation et l'insatisfaction, logées dans l'espace de la séparation. Même Narcisse qui s'aime lui-même dans le miroir de l'eau n'arrive pas à se rejoindre et se révèle n'être pas l'objet adéquat de son désir. Aucune démarche désirante n'atteint jamais son terme, qu'elle soit hétérosexuelle, homosexuelle ou autre. Elle bute sur l'obstacle d'une partition.

Il n'y a pas, jamais, de nouvel être qui naît d'une passion, dans le sujet lui-même. Et la procréation ne peut être qu'une procuration dont on vérifie bien vite qu'elle n'incarne pas non plus l'être androgyne.

Le non-dit s'enferme dans le schéma de la partition. Il compose avec la dégénérescence de la toute-puissance, plus ou moins refoulée et affirmée, du désir. Si le rêve permet quelquefois d'offrir des figures au sexe ambigu, l'état de conscience ou de demi-conscience est bien obligé de tenir compte de la censure et de l'impossible. Il faut du reste un incessant travail intérieur d'adaptation sociale et psychique, d'autosurveillance quotidienne, dès lors que les sublimations deviennent défaillantes.

La sublimation créatrice est en compétition avec le dévoilement d'un autre désir. S'il n'est pas suffisamment créateur, l'homme risque, à l'heure de la découverte et de la fin du refoulé, de vivre dans une atmosphère d'étrangeté qui met à mal les fondements de sa vie. Il n'a à sa disposition que les fonctions du non-dit : élaboration et compromis, mais également coercition par rapport au passage à l'acte, qui mettraient en danger son statut social.

On conçoit mieux l'interdiction de représentation de corps et de chairs humaines dans certaines religions ou civilisations, quand on voit comment dans d'autres qui, au contraire, la sollicitent (l'indienne par exemple), se constituent les mutations animalo-primaires et zoo-androgynes les plus monstrueuses qui expriment le non-dit de tant d'hommes.

Outre les interdits, la coercition s'exerce par les mécanismes de la culpabilité, de la sanction, de la dette à payer : la chute d'Adam et Ève chassés du Paradis fonde la culpabilité judéo-chrétienne à partir d'un dévoilement qui découvre la nudité, et donc la différence des sexes : l'Ancien Testament renvoyait, lui, à Sodome et Gomorrhe. La culpabilité tourne autour du sexe et du désir, mais surtout de la transgression d'un interdit dont on découvre qu'il débute avec un sexe d'homme et un sexe différent de femme. La faute tient dans la tentative de voir la différence pour l'annuler, et non dans l'acte d'amour lui-même. Ce dernier ne deviendra coupable que plus tard, après des siècles, comme si l'édification de citadelles de vertus n'était là que pour dissimuler l'objet de l'interdit premier et déplacer ainsi la culpabilité vers la normalité.

Il est frappant aujourd'hui encore de constater combien de strates il faut déplacer pour aborder l'androgynie de l'homme alors que, de l'embryologie à la zoologie, les témoins organiques de cette androgynie sont constants dans le règne animal. Il est tout aussi frappant de mesurer le nombre de couples fondés sur un compromis social qui autorise – dans la « Faute » mais non le « Scandale » – une bisexualité plus ou moins bien assumée. Si cela est possible, c'est que c'est au fond très vivable, et que cela correspond à des pulsions et à des désirs profonds, dans l'un et l'autre sens, se dérobant à tout discours conceptuel.

Cette dérobade explique pour beaucoup le non-dit : il est plus facile aujourd'hui de vivre et d'affirmer une homosexualité franche que ce va-et-vient dans l'identité qui est l'apanage du compromis bisexuel. Il faut mesurer l'amplitude de ce mouvement qui transforme par exemple un héros macho viril, père à moustaches, en une « folle » travestie et passive, pour prendre conscience de l'impossibilité à dire « ces choses-là ». Le non-dit n'est pas dans le désir de l'autre, même s'il s'agit du même sexe; il est dans l'évocation de la bisexualité interne, du féminin et du masculin en soi, de l'existence d'un désir de soi pour soi, étant donné que ce soi est inavouable et que le désir pour l'autre ne peut être qu'un substitut. A la rigueur, être androgyne vis-à-vis d'autrui pourrait et peut s'exprimer par le biais des extrêmes dont nous avons déjà parlé. Mais que cesse cette médiation, ou la possibilité même de cette médiation, et le sujet qui vit avec sa tentation androgyne est confronté à la solitude de soi vis-à-vis de soi. S'il a une relative liberté pour le passage à l'acte, il n'en a aucune pour censurer ou non une telle découverte de soi-même. Il vit la confrontation intime, qui met en jeu le duo limite de sa propre liberté. Le non-dit de cette confrontation peut devenir dramatique, aller jusqu'à la folie ou au suicide. Il peut être l'ultime extrême de l'expérience intérieure

(G. Bataille) et empêcher toute autre forme de plaisir que la déréliction pour celui qui en est à la fois le sujet et l'objet. Quoi qu'il en soit, dès lors qu'elle émerge du refoulement de l'inconscient et donne un sens aux passages à l'acte, la confrontation met la vie du sujet en jeu, c'est-à-dire qu'en permanence, un des deux jumeaux doit être assassiné pour au moins permettre à l'autre d'exister.

Ainsi, le domaine de l'androgynie ne peut être que censuré, grotesque et parodié, ou tragique. Le non-dit enregistre le désir et en organise le déni. Mais ce déni, sauf chez l'artiste, ne peut pas correspondre à un idéal du moi satisfaisant. Il introduit un manque, pire que le manque du toxicomane. On ne sera pas étonné d'ailleurs que beaucoup de toxicomanes aient une problématique androgyne et préfèrent l'occulter par le manque de la drogue plutôt que d'être confrontés à la mort d'une moitié désirante d'eux-mêmes, à cette irrationalité des pulsions fondamentales.

Parler à soi-même, autour d'un manque irrationnel, sachant que toute indépendance vis-à-vis du désir est, et restera, utopique, reste néanmoins la seule possibilité ouverte à l'homme, quel que soit le prix à en payer en insécurité et en angoisse. A moins que ce qui émerge de la recherche biologique contemporaine dans le domaine du clonage ou des porteurs ne soit le fruit secret de chercheurs qui tiennent à résoudre autrement que par le discours et l'investissement relationnel le problème de leur propre androgynie.

Le non-dit de l'angoisse

A cinq heures du soir, au jardin du Luxembourg, dans l'air tiède du printemps naissant, l'être cher n'est absent que depuis deux heures, et en retard de dix minutes seulement. Tout est si ridicule! Pourtant, quelque chose d'incontrôlable monte en vous, qui renvoie à la mort, à l'accident, à la rupture, à l'infidélité, et vous projette dans la solitude.

J'ai, en mon temps, pesté contre les mères abusives, les directeurs obsessionnels, les professeurs phobiques. Mais qui ne connaît pas l'angoisse ne peut pas connaître cela : l'immensité du minuscule, la vague de fond du déraisonnable, la débâcle de la logique, l'irrationnel du réel vécu, la chape du temps qui ne passe pas et ces fulgurances qui renvoient de la petite enfance à l'âge d'aujourd'hui, aux raisons vraies ou fausses d'être angoissé, à la sacralisation d'un pessimisme narcissique et au poids des êtres aimés, qu'ils soient eux-mêmes en cause, ou qu'ils doivent en supporter les effets. Pauvre être aimé qui s'épuise à ne pas comprendre que c'est l'imminence de l'angoisse qui la rend irréductible, infinie, que l'on vit dans l'angoisse de l'angoisse, dans ce qui marque le non-dit, la douleur exquise, attendue et redoutée, le symptôme dont on ne peut jamais communiquer à autrui le véritable secret. S'il est relativement facile d'exprimer à autrui, à un thérapeute, à l'être aimé, l'immensité d'une angoisse vécue, il est hors de cause justement de pouvoir dire qu'elle n'a pas de cause ou une si petite cause. Certes, on peut invoquer bien des facteurs explicatifs, évoquer l'angoisse de mort, la dette archaïque, le manque initial, tel ou tel traumatisme de l'enfance surtout injustifié, ou même décrire à l'envi le mécanisme répétitif, compulsif ou impulsif qui ramène l'angoisse ou la déclenche. Mais que dire de l'impalpable écart qui, dans l'air du printemps, quand on a tout pour être « heureux », installe l'angoisse en maîtresse souveraine et vous renvoie, comme un barrage qui se rompt, aux mille et une questions tant de fois débattues, tant de fois écartées et quelquefois résolues?

Le non-dit c'est encore et toujours que, comme le toxicomane, le sujet angoissé redoute plus que tout d'être en manque de manque. Ce qu'il ne peut avouer, c'est qu'il redoute tout à la fois d'être angoissé et de manquer l'angoisse. Car l'angoisse lui devient un mode d'être au monde, monstre familier qui le ronge et le dévore, et, dans le même temps, marque la différence avec le cadavre digéré par les cavernicoles. Dire l'angoisse permet d'affirmer et d'affiner ce qui en soi marque la différence avec l'autre, quitte à la rendre insupportable, et à condition de taire la part de volontarisme qui préside à l'organisation d'un monde angoissé et angoissant. Taire, c'est en tous les cas saisir l'autre dans les rets de ce mode d'être au monde, sans qu'il puisse prendre l'argument qui lui permettrait de s'évader autrement que par la fuite, c'est-à-dire sans qu'il puisse « casser » la part volontariste et la complaisance dans la douleur et le malheur, déréliction érigée en fétiche, en idole, par le sujet angoissé. Le sujet affecte de taire à l'autre l'angoisse pour « ne pas l'angoisser à son tour ». En fait, habile comédien, par mille mimiques, refus de manger ou expressions psychosomatiques, il envoie messages sur messages à l'autre qui n'en peut plus et succombera toujours plus ou moins à ce terrorisme de la douleur morale, tant il est vrai qu'elle est malgré tout légitime.

La légitimité de l'angoisse, même si elle est obscure à autrui, est incontestable. Le drame est que l'intensité de cette légitimité n'est mesurable, palpable et accessible, que pour le sujet lui-même, qu'elle risque fort d'apparaître plus ou moins disproportionnée et que l'on ne comprend pas toujours très bien pourquoi, et avec quelle impudeur, elle est si incontrôlée et si incontrôlable. L'impudeur de l'angoisse est un passage obligatoire, d'abord pour le sujet lui-même. Elle est la mesure de la rencontre de soi avec soi. Il n'y a aucun humour dans cette hystérisation de l'angoisse manifestée, aucun clin d'œil qui permettrait la mise à distance et plus encore la transgression en un jeu dont le sujet connaît les règles. (A ce compte, l'angoisse ne serait plus sortable, le non-dit serait renvoyé, et avec quelle rudesse, au refoulé, à la mort réelle ou imaginaire.) Non, il faut à l'angoisse un compromis initial et initiatique : d'une part, elle est vérité absolue, alogique, souffrance au plus proche de l'intime, de la faille archaïque, comme dans le ventre du volcan qui se remet en activité; d'autre part, sa démesure obscène relève d'un non-dit par lequel le sujet règle ses comptes et établit dans sa relation avec l'autre ce rapport carnivore qui lui permet d'apaiser son propre monstre en lui donnant de l'autre à manger. Le non-dit est en effet dans l'existence perverse en soi de ce Moloch qui réclame un dû sanglant pour un moment d'apaisement.

Le choc n'est pas toujours aussi rude. Beaucoup d'êtres s'aménagent des plages d'angoisse romantique. Elle ne serait que symptôme et maladie si, dans le paysage, il n'y avait pas un Jardin du Luxembourg à la soirée tombante, et ses fleurs du printemps tout juste écloses, ou l'abbaye du Bec-Hellouin, entre chien et loup, en novembre, dans la brume, quand les chants grégoriens répondent à la cloche qui tintinnabule, plus encore, quand le *Requiem* de Mozart ou celui de Berlioz introduit entre l'arbre et l'écorce la question de l'existence de Dieu, et tout de suite, immédiatement après cette bouffée d'angoisse de mort que vous connaissez si bien! Lieu délicieux entre le plaisir et le deuil, la totalité et la dette. Ici, le non-dit est qu'aucun fétiche n'est suffisant et ne peut être appelé au secours quand le sujet redécouvre que le *Requiem* existera et que les fleurs repousseront encore quand lui, comme un ver de terre ou un hanneton, sera mort, cette mort matrice première de l'angoisse et dont la peur constante, qui s'accentue et se canalise comme dans un entonnoir au fil du temps qui passe, reste le non-dit essentiel de tout homme, brute ou savant, prêtre, dalaï-lama ou roi couronné. Ce qui ne peut pas se dire, du moins au quotidien, c'est ce traumatisme jamais assumé, même si, pour le dire tout de même, l'humanité a bâti des fétiches scientifiques aujourd'hui, hier religieux ou mythiques. En ce sens, le non-dit de l'angoisse est qu'elle est elle-même le fétiche qui vient se mettre en place lorsque l'homme ne peut pas assumer d'être nu, d'être lui, au monde, par hasard, sans autre sens que la certitude de la mort. A lire Shakespeare ou Bataille, on arrive à comprendre qu'on puisse être émerveillé d'être angoissé, car dans les mille et un tourments de l'Expérience Intérieure se vérifie d'abord sa propre existence.

L'intérieur de l'intention

L'angoisse partage avec la douleur masochiste « l'extrême du possible » (G. Bataille). Mais si le masochiste sait comment il y parvient, cela reste un mystère pour l'homme quelconque qui n'a pas le choix de sa déchirure. La difficulté s'estompe quand le choix, censuré ou non, est fait d'en manifester, d'en dire la tonalité, l'intensité et l'atmosphère. Comme tout ce qui est intime et viscéral, l'angoisse vaut ce que vaut sa traduction. (Notons au passage que cela est vrai pour le sujet lui-même qui ne se rappelle jamais bien ce cauchemar horrible ou ces rêves chargés de lourds symboles qu'il n'arrive pas à « interpréter ».) Hors d'elle, l'autre reste endormi ou de marbre, renvoie l'angoissé à l'attente et non à la solution-résolution. Il est et reste tout à la fois perdu et solitaire sans que son corps et son âme ne puissent faire silence, le renvoyant à sa laideur, à son incapacité, à ses impuissances, enfin à ses culpabilités.

L'angoissé dénude en effet « l'intérieur de l'intention ». D'une manière brute, intense, sans l'adoucissement procuré par la philosophie (pourquoi écrivent donc les philosophes?), ni l'anesthésie contrôlée de la psychanalyse, ni même l'atmosphère doucereusement suave de l'élégie poétique. On peut tricher avec tout le monde, en aucun cas avec le miroir que vous tend l'angoisse, même si un certain « jeu » en accentue les dimensions et si la complaisance avec soi-même permet de manipuler la déréliction. Ce jeu ne dissout pas les culpabilités toujours présentes qui renvoient à la culpabilité première, à cette faute qui doit bien exister quelque part puisque des mythes grecs à la psychanalyse, en passant par l'enfer judéo-chrétien, elle est toujours à nous harceler comme un huissier pour une dette qu'il faudrait de toute façon payer. Ce que se dit à lui-même l'angoissé, c'est que cette dette-là, il n'en a rien à faire. Par contre, la faute de la faute, c'est de l'avoir fait naître avec ses misères qui l'accablent, l'empêchent de vivre : culpabilité du fils qui veut couper le cordon ombilical avec une mère dont tout le monde, sauf lui, sait qu'elle est abusive; culpabilité d'être petit ou grand, ou maigre; culpabilité d'avoir dans le même lit initié le petit frère ou la petite sœur, ou encore de prendre la place d'un enfant mort ou d'un enfant idéal jamais né; culpabilité des « mauvaises » pensées, fantasmes et pulsions de transgression d'une loi réelle ou symbolique que tord l'imaginaire d'un besoin de jouissance ailleurs et autre; culpabilité simplement d'être, et d'être autre, ailleurs que ce que veulent, peuvent et essayent de bâtir les autres; angoisse d'être seul si la différence est trop forte ou trop fortement avouée, d'être seul et donc de faire face à la mort. N'est-ce pas cela qui n'est avouable qu'à soi-même, en d'extrêmes fulgurances à la rigueur supportables, qui cessent de l'être dès lors qu'elles s'organisent en symptômes? A approcher de la mort avec trop de pertinence, de temps et de logique, on en vient à brûler ce qui reste de vie, à rendre l'air irrespirable, à préférer, aussi haïssables soient-ils, les tourments de l'angoisse au face-à-face mortifère.

Dira-t-on que tout tourne autour de la mort des parents, attendue et redoutée, souhaitée comme gage d'une prétendue indépendance à acquérir, crainte parce que la vie des parents est le seul vrai rempart que l'on possède contre sa propre mort? Peut-on jamais dire que si on souhaite une mort « sans souffrance » à ses géniteurs, c'est certes par altruisme et amour, mais c'est également, quelque part dans l'indicible, parce que les ravines du vieillissement indiquent, comme les aiguilles d'une pendule, la marche inexorable, l'inéluctabilité du sens unique, et cette horreur absolue à la pensée que ce vieillard qui meurt n'est qu'un petit enfant qui a peur, terriblement peur. Si ce vieillard qui est votre protecteur n'est qu'un enfant tout petit qui a tellement peur, alors votre propre sort est scellé.

La mort des parents est l'acmé de la scansion lente qui vous mène inéluctablement et dans le même mouvement, comme l'action du narcotique, à la toute-puissance de vous-même, enfin libérée, et au commencement de la fin – de votre fin. Dès lors, la douleur de deuil est la dernière palissade qui protège le trésor de votre vie, lui donnant un sens avant que ne s'installe l'angoisse définitive qui, désormais, vous accompagnera, œil qui est dans la tombe et regarde Caïn.

Le discours intérieur de l'angoisse

Dès lors, le langage n'est que le veilleur de l'angoisse. Il peut l'apaiser comme l'aspirine apaise la fièvre, voire l'organiser, la mettre en œuvre – pensons à Nietzsche ou Bataille – la réifier, la chosifier, la moquer, la transformer en « Fragment du Discours Amoureux ». Mais le langage se condamne à être impuissant parce qu'il organise la mise à distance de ce qui ne peut pas se mettre à distance. C'est là qu'intervient en toute-puissance le discours intérieur, le compromis du non-dit entre ce que le sujet s'avoue à lui-même et ce qu'il peut transmettre à l'extérieur. Le discours intérieur intime négocie l'angoisse en la fixant sur un thème extérieur qui, lorsqu'il occupe le devant de la scène « sociale », permet au sujet d'être tranquille ailleurs, de reprendre son souffle. Il faut ne confondre jamais l'angoisse extérieure, extériorisée et l'angoisse intérieure. La première est appel, discours au monde, capture anthropophage de l'Autre; la seconde est sauvage, malpolie, n'épargne rien du laid et du maudit, met à nu et à vif, renvoie au plus masochiste du masochisme et au plus sadique du sadisme, enfante et accouche du monstre qui est en nous, qui est nous. Le non-dit est alors ce dialogue qui s'installe avec ce monstre, le suppliant de n'être qu'artefact, fétiche qu'il faut défétichiser, mais qui est là inconsistant et cependant dur comme le roc, dévorant et pourtant impalpable comme un poulpe qui envoie ses tentacules, et, dans le même mouvement, les rétracte pour les redéployer ailleurs et encore. Les délices mortelles font partie de ce dialogue où l'on jouit à se faire mal, où la véritable douleur profonde, à l'extrême intimité et à l'intime extrémité de soi, est cependant si forte qu'à chaque instant de l'incessante bataille, elle réussit au corps à corps à dominer la jouissance à se faire mal, pour être seule toute-puissante. Alors, le long lamento intérieur, hululement que personne n'entend, en dehors de soi, redécouvre, revit dans les mille pores de sa peau, les milliards de molécules de son corps, ce qui bâtit, dans un mode d'être au monde, l'horreur, l'ignoble de soi, la laideur et le mensonge absolus et, dans le même mouvement, lance, sans y croire tout en y croyant, cette prière indistincte que chaque peuple et chaque homme retrouvent quand ils sont au plus près du danger : cette prière qui, plus que tout au monde, s'incarne dans le « kaddisch » des Juifs, quand l'homme demande pardon à Dieu des fautes qu'il a commises contre sa propre liberté. C'est, peu à peu, quand cette lettre redevient lisible, n'est plus submergée par le flux et le reflux de l'intensité de l'angoisse, que peut s'organiser le discours au monde de l'angoisse. Lettre illisible parce qu'au fond il ne s'agit pas de cause déterminée, mais de l'envahissement d'un constat de ce qu'on est, ici et maintenant, sans aucun recul, sans même le recours à un discours de l'imaginaire, sans même cette médiation que peut être la nostalgie. Que l'on s'entende bien, il n'y a pas d'angoisse sans flux du passé, mais ce qui l'a créée, ce qui est son essence même est ce brouillard indistinct qui ne permet pas de distinguer l'accessoire de l'essentiel, le bouton de l'abcès et le pus épars qui sourd et envahit le corps et l'âme. Si l'on se risquait à une définition de l'Angoisse, on pourrait dire qu'il s'agit d'une rencontre télescopée entre un flux affectif du passé et son brouillage; plus il y a d'affectif et plus le brouillage est intense et crée cette douleur et tension qui empêche le déchiffrage. Une nostalgie peut devenir angoisse dès lors que la recherche du pourquoi la fait basculer dans le brouillard et la tension, et transforme la douceur agréable en un étau cruel ne s'autorisant que cette souffrance alogique, totalitaire à cet instant où le verbe comme le raisonnement cessent d'être apaisants, deviennent au contraire chiens dociles dans le déroulement de « l'expérience » elle-même.

L'équivoque réside dans la part désirée, voulue de l'expérience. Nous l'avons dit, l'angoisse, comme le manque du toxicomane, est mode d'être au monde, non-mort vérifiée par l'intensité. Le non-dit ce n'est pas la nécessité de provoquer l'angoisse, mais l'absolue nécessité de l'intensité, du seuil de la douleur dans l'expérience qui ne peut être que formidablement intense, aiguillon au cœur de la chair, étau qui broie le thorax, peine qui empêche jusqu'à respirer, et l'ensemble des impressions impossibles à décrire, mauvaise chaleur, putréfaction de l'intérieur, « mal dans sa peau » qui est partout et nulle part, dont le sujet ne peut pas accepter de dire qu'il en recherche, désire, poursuit l'expérience, et n'a de cesse, entre chien et loup, entre conscient et inconscient, que de l'installer pour la vivre enfin, la déguster jusqu'à la lie. Peut-il dire que l'angoisse le possède autant qu'il la possède? Véritable couple qui vise à l'unité; c'est le sujet qui incorpore l'angoisse dans le même temps vécu où l'angoisse incorpore le sujet, ne laissant pas de place à l'Autre et donc au Dit. (S'il parvenait à démontrer que seule cette incorporation duale l'empêche d'être livré aux cavernicoles réels et symboliques, qu'il est, même en l'absence d'un monde qui existe sans lui ou qui est plus beau, plus intelligent, plus riche, plus aimé que lui, alors le jeu vaudrait quand même le coup, fût-ce au prix qu'il paye là, maintenant.)

Ce qu'il ne peut pas dire, c'est la modestie même du désir dans l'Angoisse. Il n'est pas toxicomane, ni mystique. Il ne cherche pas à l'acmé d'une scansion à être Dieu et immortel. Très banalement, prosaïquement, il cherche, malgré toute la palette des sentiments négatifs qui vont de la laideur à la solitude, à être. Bien sûr, on pourrait supposer un investissement masochiste dont l'angoisse serait le fétiche. Il n'en est rien. La douleur, il s'en passerait bien. Et s'il organise son intensité, son atmosphère, c'est faute de mieux, parce qu'il ne possède que cela, qui de toute façon l'envahirait comme la marée inonde la plage. Il s'offrirait tout autant une phobie ou une dramaturgie hystérique et démonstrative, si elles s'imposaient à lui comme symptômes de douleur et de vie. Si l'Angoisse dément la mort, et fait d'une minute, d'une seconde, l'éternité, on conçoit son utilisation perverse et le non-dit qui l'accompagne. En quelque sorte, tout angoissé joue avec ce qui le domine un jeu pervers. Il devient lui-même un pervers à éclipses dont l'angoisse est le fétiche. Sans l'éclipse, il est mort ou fou. Or sans l'efficacité du double langage, intérieur et langage « mondain », il n'y a pas d'éclipse. C'est cette double vie ressentie et parlée qui autorise, contradictoirement, le torrent du chaos et, dès le désordre, la construction imaginaire d'un ordre, commentaire vivant sur la vie qui est bien là. Si le sujet manquait de mots pour se le dire, ce serait « une solitude insonore » (Nietzsche), le suicide.

Le non-dit n'est pas insonore, même s'il est silence des autres et pour l'Autre. Si l'angoisse est sacrifice de la raison, folie cachée dans l'apparent raisonnable, son non-dit l'enlève un peu du monde des monstres pour le ramener à un ordre plus humain. Au contraire du dit qui s'efforce de ne plus laisser de place au hasard, le non-dit s'autorise aux cafouillis, aux allers et retours, aux zigzags, à l'affectif, à la non-parole dans l'imaginaire. Prémices d'ordre, il reste suffisamment émotionnel pour assurer et assumer une transmission. Il est émergence dans l'émergence, encore flux et déjà lit de la rivière. Confesseur de l'inaudible, nous le comprenons autant qu'il nous comprend. Il est l'autre de nous-mêmes avec lequel nous dialoguons, la première ébauche du compromis de vie, encore que, dans le même temps, son hurlement nous fasse payer mille prix de douleurs impudiques.

Car, ne l'oublions pas, l'angoisse est un prix qu'on paye et c'est d'abord de son corps que l'on paye, avant même la limite de la prise de conscience.

Il existe un sas entre l'angoisse du soma et l'abord de sa reconnaissance. Le discours du non-dit est déjà au-delà, organisateur du désordre pénible, diffus lorsque ce qui est partout devient douleur, angoisse vraie et prend son nom. Dire de l'angoisse que c'est un discours, c'est annuler la part essentielle, existentielle, archaïque, lave et fusion, carnivore, du magma et de son atmosphère, ce monde qui existe avant que le monde n'existe. La réduire à un système neurobiochimique en dysfonctionnement est tout autant falsificateur. Il existe certes des médicaments de l'angoisse. Mais aucun de sa répétition, de ses tentacules, de ses raisons et de ses déraisons. Ce qu'essaie de faire, dans son côté sauvage, le non-dit, c'est d'exprimer à soi-même l'inéluctable manque à comprendre qui, une fois marqué, renvoie au manque archaïque et donc à l'initial de ce qui peut se comprendre. Tâche difficile car, comme le dit Daniel Sibony : « Les liens entre la chair et les mots n'appartiennent à personne. » Tâche pourtant essentielle que cette mise en place et en scène de l'angoisse, si complexe, si fragile et si lourde qui, si elle n'aboutissait pas, ferait basculer son maître et esclave dans le symptôme, le passage à l'acte (le suicide d'abord) ou la folie.

Une sensation de la limite aux limites de la sensation

Car l'angoisse n'est pas la folie, mais plutôt un garde-fou, même si elle est au bord du cratère, à l'extrême limite de ce qui peut s'assumer et de ce qui ne se peut plus. C'est l'état de mélancolie qui la marque le mieux quand elle n'est pas encore délirante, pas encore persécutée et persécutoire, alors que tout est confondu et si noir dans l'absence totale d'issue et la culpabilité qui envahit le champ de la conscience. Presque, car la petite musique du non-dit qui mobilise les mémoires permet à l'instinct de vie de lutter avec la pulsion de mort, justement parce qu'il y a un sens à cette culpabilité, qu'il explore ce sens, le magnifie, le grandit, focalise l'attention et offre au dit son chemin de frayage. Les psychiatres disent de la mélancolie qu'elle est psychose, alors que dans son extrême, cyclique, elle est le marchepied triomphant du dit : celui de la manie, qui « dit » à chacun ses quatre vérités. Quand on regarde ce passage de l'un à l'autre, de cette émergence de la mort jusqu'à l'exaltation de la toute-puissance de l'acte et du verbe, on ne peut que récuser cet étiquetage réductionniste. La mélancolie n'est pas folie. Elle est lutte entre l'informe qui tisse par mille tentacules la mort et le discours intérieur, infime filet qui mobilise les ressources de la raison pour devenir ru, ruisseau, et rivière enfin. La lutte n'est certes pas toujours victorieuse : elle se termine bien souvent par l'enjeu de toute angoisse, le suicide. Mystère poignant de cette mort devant laquelle on comprend qu'on ne comprend rien. Car la mort est ce qui dans le sens échappera toujours au sens. C'est parce que, malgré tout, subsiste ce mystère et l'extrême peur qu'on en a – serait-elle devancée dans le suicide, niée dans le kamikaze ou sublimée dans le fanatisme – que l'homme s'arrange avec le non-dit, de et dans l'angoisse, qu'il va fouiner d'une hargne compulsive jusqu'à ce qu'il ranime, en quelque sorte, la flamme et qu'il puisse l'auto-entretenir à l'infini, quand le dit revient sur le devant de la scène, se doit d'entendre et d'exprimer ce que le corps et l'âme malades émergent sans rien pouvoir exprimer de ce bruit-sensation, envahissement, tohu-bohu immobile et griffant, que les autres appellent maladie ou symptôme, alors qu'il s'agit de la morsure ultime, de l'appel sans fard, animal, archaïque d'une vie qui perdure et entend perdurer, aussi misérables que soient ses conditions d'existence.

Est-il paradoxal d'affirmer que l'angoisse c'est la vie, alors que certains vont clamant qu'il vaut mille fois mieux mourir que d'endurer cela et qu'ils joignent parfois l'acte à la parole, prouvant ainsi la vérité qu'ils proclament? L'acte de se suicider vient à la place d'un non-dit de vie forclos, parce que la souffrance n'est plus que souffrance, cessant d'être « douloureusement exquise ou exquisement douloureuse ». Le non-dit a fonction de veilleuse. Le sujet n'existe pas sans sa présence. Pour qu'il y ait non-dit, il faut qu'il y ait angoisse. Le paradoxe, c'est qu'on se donne la mort à l'instant même où cesse l'angoisse. Je n'existe pas en dehors de l'angoisse. Elle est l'ultime de la vie quand plus rien d'autre ne subsiste et encore moins la volonté. L'angoisse devient en quelque sorte – pour parodier Georges Bataille – le vide, trop-plein affronté sans la volonté. Au bord du néant, l'angoisse est ce qui permet encore de dire qu'il y a vie, que l'on existe, que malgré tout il y a de l'amour, mais de l'amour sans Autre. La souffrance mesure la valeur de cet infinitésimal amour qui existe, malgré la laideur, le sexe ridicule, le vieillissement. Dans l'être angoissé, on retrouve à la fois Narcisse avant qu'il ne se mire dans l'eau, dans l'instant même où il se mire et comme si, suspendant le cours du temps, il restait au ras de l'eau plutôt que de s'y noyer, parce que malgré tout, ce qui reste, ce qui est soi, est encore plus beau que la mort. L'angoisse est le défi porté à l'esthétique. Elle naît d'elle, s'en nourrit pour devenir plus forte qu'elle, celle qui seule compte quand la grâce succombe, s'affirmant en Dieu sans rival.

L'angoisse comme modalité de l'être

Alors, dépassant les « parfums frais comme des chairs d'enfants » et leur décomposition putride, piétinant l'impressionnisme subi des sentiments et des sensations, ce qui est humain en l'homme commence à se dire ses quatre vérités et d'abord à la chair de soi, taillant petit à petit dans la fusion tacite, dans l'innominé mortel, séparant le bon grain de l'ivraie, ce qui est vivable de ce qui ne l'est pas.

Le non-dit cherche et fouille, paye le prix à l'horrible de la vérité intime, est juge et bourreau dans le même mouvement, mais encore avocat de la défense, ne s'autorise d'aucune gratuité, d'aucune concession et dresse le plus impitoyable portrait d'un homme qui, à ce point-là justement, redécouvre qu'il a en lui et par son œuvre, par son mode à vivre, des dons, une taille, une image, un regard de l'autre, qui lui donnent à jouir, à être, à vivre et une sorte de beauté qui vaut tout autant que Narcisse : même le Diable boiteux trouve des raisons de vivre dans ses maléfices, et les pièges tordus qu'il tend lui servent tout autant à asservir les autres qu'à se rassurer, le pouvoir étant le cataplasme du pied-bot. Chaque parcelle de l'angoisse qui se dit, dans l'extrême douleur de l'enfantement, désagrège l'édifice de la mort, rend un peu plus solide celui de la vie, autorise une image de soi un peu plus acceptable, comme Madame du Barry demandant avant le supplice·

« Encore un instant, monsieur le Bourreau », l'instant gagné qui peut mener au miracle, à la grâce. N'est-ce pas une grâce en effet que la fin de l'angoisse au prix de petits replis secrets, de compromis qui doivent, et c'est difficile, remporter l'intime conviction, de propositions qui permettent à « l'inconnu ou l'inconscient ou l'indicible de réintégrer le langage » (M. Serres). Dès lors que le sujet, comme note D. Sibony, « donne au mot la consistance du désespoir », le non-dit, qui est le dit de soi à soi, permet ainsi petit à petit le passage du magma à la consistance, de la sensation au sens, du subi à l'assumé, de l'ineffable à la banale palpation de son corps, lorsque l'on parvient à décoller simplement la langue du palais ou à desserrer dent après dent, lorsque l'on parvient à faire du bruit dans le tonitruant silence de l'angoisse, à écraser l'angoisse avec elle-même, quand on arrive peu à peu à l'organiser.

Commence alors un autre type de temps vécu, celui de la double reconnaissance : celle de l'angoisse qui vous fait sujet et celle du sujet qui apprivoise l'angoisse, la met en cage, l'empêche de se perdre, tohu-bohu et flot immobile, incontrôlable, la réduit à l'apparente transparence que peut être cette infinie souffrance, au plexus solaire, ou dans cette diarrhée, signe et symptôme objectifs d'une évacuation, de la sortie possible. (C'est en tout cas ce que l'on peut se dire, dès lors que la lutte de soi avec soi a été si dure pour en venir là, à ce relatif contrôle d'une lave qui envahissait tout, de la trompe de Fallope au dernier des spermatozoïdes, pour enfin accepter, grâce au soliloque intime, de se couler dans une sorte de lit de la rivière qu'évoque au mieux ce que l'on a appelé la « psychosomatique », mais qui n'est pas limitée à elle, car tout pointillisme, dès lors qu'il permet de sortir de l'informe, du sans substance et de l'innominé, ne fût-ce qu'un petit peu, va dans ce sens, le sens de la sortie.) Le sujet peut dire : j'angoisse donc je suis, je suis donc je domine l'angoisse, je suis en tant que je domine l'angoisse.

Mais l'angoisse ne peut pas être un mode d'existence au monde permanent. Comme pour la drogue, le sujet a besoin de vérifier par son absence le besoin qu'il en a. Il est aussi impérieux pour lui d'avoir des « highs » et des « downs » d'angoisse que pour le junkie d'être en manque, ou à l'inverse, d'être dans son Nirvana. L'angoisse n'a d'intérêt et de justificatif que dans sa différence d'avec la vie de l'homme quelconque. Le sens du travail souterrain du non-dit est aussi bien de préparer son apparition que, lorsqu'elle devient insupportable, « invivable », d'aider à son évacuation. Dans ce que l'on appelle l'économie psychique, l'angoisse est source de bénéfices ou de pertes, même et surtout si, la plupart du temps, celui qui l'éprouve souhaiterait s'en dispenser, ou du moins codifier les temps de son apparition et qu'il ne lui paraît absolument pas nécessaire qu'elle survienne là, alors qu'il avait tout pour être heureux.

C'est peut-être parce qu'elle ne peut pas être banalisable ou réductible à sa causalité linéaire. C'est parce que le non-dit est torrent, éructation, insulte, offense, supplication, amour, romance, sadisme, aphorie, qu'elle est, en dépit de la souffrance, signe et preuve de vie. En ce sens, elle a à voir avec une dette à payer. Que l'on se tue à retrouver, comme celle, obsédante, d'avoir été conçu dans un coït sans amour ou désir, entre un homme et une femme; mais peut-être est-ce plutôt la dette d'avoir un imaginaire et de ne plus se fier à l'olfaction, au regard, à l'instinct, à la chasse, de transformer le produit en substance et la substance en mot, le mot en langage, et le langage en instrument de domination. Alors l'angoisse permet de n'être pas en deuil de soi, en tous les cas, pas entièrement. Tant qu'il y a à payer, il y a vie. On le sent tellement bien quand on est en présence d'un vrai mélancolique, quand le sentiment est lui-même à l'extrême, en est la cause et l'effet, dans l'immédiateté la plus irréductible. C'est avec cette immédiateté irréductible que le débat intérieur a à faire : totalité mégalomaniaque et néant existentiel, indescriptible et pourtant à mettre en ordre. Alors la mémoire vient au secours du sujet. On apprend beaucoup dans les leçons de sa propre histoire, on apprend à jouer du refoulé et du pseudorefoulé qui en tient lieu, faute de mieux. La mémoire permet de définir, de rendre intelligible ce qui est inintelligible et surtout, de savoir qu'il y a une fin et un commencement. La leçon du passé connaît la répétition et aide ainsi à l'attente, permet de reprendre son souffle, de l'organiser même, faute de mieux, de le lier à tel ou tel souvenir. Nous souffrons moins au fur et à mesure que l'improbable devient plus probable, que la reconnaissance se fait, que les mots se forment, se contredisent, ramènent du vivant dans du mort.

En s'aidant de sa mémoire, l'être angoissé rétablit une communication interne, même si elle reste terrifiée, n'est pas exacte connaissance et encore bien proche de la mort. Comme le dit Georges Bataille : « La communication est, comme l'angoisse, vivre et connaître. » Ici, la démesure même de son enjeu n'autorise pas (pas encore) la communication avec autrui mais uniquement celle de soi avec soi, avec d'infinies retenues, retournements, nausées, agitations, désespoir de ne pas pouvoir y arriver, de ne pas pouvoir s'en sortir, voire, nous l'avons dit, de mériter tout cela. Puis, petit à petit, par touches et degrés successifs, apparaît l'émergence à l'extérieur. Émergence d'ailleurs qui risque de sonner faux, de faire « mélo », mégalomaniaque, tant sera toujours grand l'écart entre ce qui est ressenti et ce qui peut être dit. Le dit ne peut être que dérisoire, châtré, raisonnant, travaillé du bord de la langue, même quand il essaye de transmettre le torrent, la lave, le magma, le tumulte silencieux, l'immensité totale de l'angoisse. Il reste néanmoins indispensable, besoin vital contre besoin vital, écart qui, en s'organisant, autorise la pause, fonde le droit, celui de la vie. C'est ainsi que, pour aller au bout de l'angoisse sans succomber à la tentation si inquiétante et si exquise du suicide, il est absolument nécessaire de commencer à ne plus subir mais de forcer, autant que faire se peut, le sort, d'opposer à l'angoisse non seulement la mémoire de sa fin, mais une expérience de la vie possible, d'un temps vécu qui ne soit pas seulement obligatoire : temps de la non-mort, de l'innocence, du jeu, du plaisir, de l'esthétique, de la poésie ou, plus banalement, temps de la faim et de la soif, du désir sexuel et du corps d'un autre. Le désir n'est certes pas l'antidote de l'angoisse. Ce serait bien trop simple et caricatural qu'un balancier de vie entre souffrance et désir. Plus souvent, l'homme est confronté à un immense sentiment d'impuissance et c'est bien cela qu'il se dit à lui-même, lorsqu'il n'a pas de clef pour ouvrir les portes où il frappe en pleurant. Mais quand un désir, aussi minime soit-il, émerge, alors l'humeur se remet en mouvement, la décrue s'amorce, le non-dit perd de sa supplication pour devenir discussion : on commence à s'entendre soi-même et à faire écouter les autres. Avant cela impuissance et angoisse faisaient couple (ils le font de toute façon au niveau sexuel) réduits en une sorte d'absurde uniquement ressenti et passif. L'angoisse est l'impuissance d'être pour autrui. Mais cette impuissance en retour aggrave l'angoisse, d'autant que s'y ajoute plus ou moins le dégoût de soi, le dégoût d'être dans cet état-là. Ce dégoût de soi participe du non-dit du sujet et est longuement et minutieusement argumenté dans le débat intime qui s'instaure autour du pourquoi. (Notons que le dégoût des autres au contraire protège contre l'angoisse, donne paradoxalement des raisons de vivre, car il surévalue l'estime qu'on a de soi.)

Le paradoxe est que dégoût de soi, impuissance, pour être des sentiments relativement mesquins, ne permettent pas moins d'éviter la descente aux enfers abyssaux, le silence. S'ils sont insupportables, ils introduisent néanmoins une échelle de valeurs, quelque chose à quoi se raccrocher, un degré de moins que l'informulé total et totalitaire, car rien n'est pire que ce silence indicible et indescriptible où tout n'est qu'horreur, bête tapie guettant la proie qui sait déjà qu'elle sera dévorée.

Ainsi, en dépit même des termes redoutables et humiliés du débat intérieur, le non-dit, critique irréductible et incorruptible, bâtit un espace où se ressource la vie de l'homme angoissé. Dans son paradoxal mouvement, il exaspère et authentifie la souffrance tout en lui donnant les arguments furieux ou raisonnables pour céder la place aux compromis vitaux. Ce débat est pervers puisqu'il installe des fétiches, légitime sinon les passages à l'acte, du moins les excuses et autres justifications qui permettent après coup d'exister, habille autrement ce qui, dans le corps physique du sujet, est laideur ou infériorité, tout en édifiant un mode d'emploi qui permet la revanche, jusqu'à la mise en esclavage d'autrui. Comme tout non-dit, il est miroir féroce et servante fidèle qui suggère, fraye la voie, rassure, console, indique comment verser le poison à autrui. Lamento compatissant ou soliloque impitoyable, le non-dit sélectionne du refoulé, refoule du sélectionné, agit comme une pompe, un piston, tout en étant aussi évanescent que de la fumée. Il est parole, discours, mais dans une atmosphère. On ne peut pas isoler ce torrent de son atmosphère, même quand il devient organisateur d'une contre-offensive. Il est part charnelle, viscérale, ombilicale, de l'angoisse qu'il fait naître, exprime, et démolit dans le même temps et le même espace, mais, à contrario, il ne se réduit pas à l'angoisse et l'angoisse ne se réduit pas à lui car l'angoisse est ici et ailleurs, hors du langage, dans le langage, dans le même mouvement qui l'y introduit et l'en retire. Assimiler l'angoisse au seul discours, fût-il celui de l'inconscient, est terriblement réducteur. Comme sont réductrices les positions qui la renverraient soit à un phénomène bio-physico-chimique soit, au contraire, au seul produit de l'imaginaire. L'angoisse comme le désespoir est terriblement et solitairement humaine, sensée et insensée; elle ouvre les portes de l'impossible que l'homme anime, puis combat avec les portes du possible. Elle est archaïque, protéiforme, magma arachnéide, cette bête qui vous prend tout entier, vous laissant pantelant à en couper le souffle, nu, immobile, tout petit, capable de rien, sauf de s'écouter dans sa souffrance. Elle est tout autant énigme, au-delà d'un hypothétique prix à payer puisque, enfonçant des aiguilles rougies au feu dans le corps et l'esprit de l'homme, elle n'en reste pas moins quelque part signe de vie et appel à la vie, dès lors que « l'obscurité du monde réel » (Georges Bataille) n'a pas précédé pour appeler à la mort.

Le non-dit de la laideur

La laideur comme fracture intérieure

J'ai été beau un jour, à 17 ans. Seule la mère d'un ami l'a reconnu et me l'a dit. Autrement, j'ai été laid toute ma vie. Ou plutôt je me suis senti laid. Il a beau y avoir des signes rassurants : la déclaration d'une fille, plus belle qu'Elizabeth Taylor, mais avec les mêmes yeux violets, qui un soir dans une fête d'étudiants fondit en larmes, et me jeta : « Tu ne fais pas attention à moi, tu penses que parce que je suis belle, je dois être bête ! » Cette autre femme qui se ruina en visons pour me séduire. Mais rien n'y fait parce que, témoignage ou pas, le sentiment naît des incertitudes de l'enfance, du regard jeté par la famille et les amis à mon aîné plus gracieux, de mille disgrâces physiques réelles ou imaginaires mais toutes vécues comme infériorisantes, et que ni les ans qui passent, ni l'analyse vécue comme « réussie », ni les déclarations d'amour n'ont su anéantir, même si la douleur a pu être assoupie par périodes, ou compensée par le succès. Qui peut dire ce que coûte à l'enfant myope la première paire de lunettes, huit fois cassée dans le même mois et remplacée *in fine* par un machin qui ressemble à du fil barbelé ? Ou plus tard, la honte terrifiante de se déshabiller en salle de gymnastique parce qu'on peut avoir un sexe plus petit que celui des autres ? Et enfin d'être appelé par un joyeux sadique et d'une manière répétitive « la grosse »?

Il faut peut-être quarante ans de vie pour oser dire cela (et encore que de choses tues, secrètes, humiliantes pour soi seul) sans même être sûr que ce dévoilement ne vous exposera pas à un coup secret, à un assassinat fatal. Pourtant, dès lors que le secret est trop lourd à porter, le laid doit dire cela, fût-ce sous la contrainte de la psychanalyse. Tout simplement parce qu'il ne peut pas vivre en permanence deux niveaux complètement séparés, et que le langage reste le lien d'articulation entre ces niveaux. Il est une possible réponse à une question qui est pour beaucoup et banalement celle du pouvoir-vivre et inversement du pouvoir-mourir (qui fera un jour la statistique des suicides par laideur?). Il reste à définir une stratégie du dit et du non-dit comme possibilité de vivre plus ou moins, de s'accepter, de se refuser, de se dépasser, même si une telle exigence ne semble pas nécessairement évidente aux yeux des observateurs pour qui, bien souvent, la laideur est un faux problème. Cependant c'est dans ce qui est encore plus fondamentalement marqué, dans le maintien des « blancs », dans ce qui n'est pas dit, que se fait le lien et que les significations se crient. Comme le dit Henri Atlan « non-signe d'où sortent apparemment les significations... ». Comment pourrait-on de sang-froid parler de la laideur, de Sa laideur, quand tout est mis en cause de ce qui fait la vie d'un homme, sans se ménager des coupures, des indéterminés qui laissent finalement les questions sans réponses, condition indispensable à une survie qui ne soit pas mélancolique et suicidaire?

Au fond, il n'y a de certitude que de la laideur. Elle peut occasionnellement être mise en question, suspendue, tandis que la beauté, par un cruel retournement de situation, guette, elle, une extinction qu'elle sait inéluctable et qui renvoie à sa sœur laideur en tant que réalité ultime. Aucun volontarisme n'y pourra jamais rien. Si cette vérité-là échappe à toutes démarches intentionnelles, il n'en reste pas moins que le « temps vécu » de la beauté est qualitativement et quantitativement infiniment plus fort que celui de la laideur et qu'à l'inverse, la souffrance de la laideur est incommensurable à celle de la beauté. En outre, elle ne peut se vivre que dans le silence, dans le non-dit, alors que, exception faite de Quasimodo, seule la beauté se proclame et est acclamée. Admettons toutefois que, pour quelques subtiles exceptions (je pense au chanteur Gainsbourg), les rapports sadomasochistes du laid et de son public puissent s'inverser dans un renvoi trouble au non-dit pervers de tout un chacun. (Chacun qui se rassure comme il peut quant à sa largeur d'esprit et quant à sa propre laideur dans l'obscène désir contradictoire d'aller jusqu'au bout de la déréliction et, à l'extrême, de pouvoir se vautrer dans sa propre déjection.)

Le non-dit de la laideur est en définitive un dit, à condition qu'on prenne en compte, par tolérance mutuelle et complicité subjective, les blancs du dit, ses usures qui laissent à penser que... Cette stratégie, un peu paranoïaque, fait jouer à la vérification un rôle fondamental : les « blancs », les « usures » laissent la parole à l'autre qui tient en quelque sorte votre vie entre ses mains par sa faculté et son désir d'entendre ce que vous proposez sans pouvoir le dire. De tous les non-dits que l'on peut analyser, celui qui a à voir avec le physique est aussi celui qui réclame le plus sûrement un interlocuteur, ne s'exprimerait-il qu'en « braille », par attouchements, suprême expression d'un désir qui annule le sentiment de la laideur. Le visage de l'autre devient, selon l'expression de Roland Barthes, « un visage écrit », qui répond à une idée fixe : l'idée de la laideur. Mais comme dans tout système paranoïaque, tout est à recommencer dès lors qu'à l'acmé de la scansion commence déjà, le retour, la descente vers ce monologue invisible de soi avec soi, sans que la lecture au miroir y puisse quoi que ce soit. Encore faut-il rappeler que le sentiment de la laideur est relatif. Les grands voyageurs le savent bien (peut-être est-ce une des raisons de leurs grands voyages?) : un sexe mâle peut être honorable en Asie et ridicule au Brésil par exemple tandis que peut être désirable le bouddha boudiné de la cinquantaine dans tel pays où l'on crève de faim, alors qu'une semblable corpulence mène au suicide en Occident. Malheureusement les grands voyageurs ne sont pas légion, et l'immense majorité des gens se heurte aux normes de leur monde. (Quoi qu'on en dise par le truchement du désir, et le désir ne se prête pas, n'est pas ordre prévisible, mais au contraire désordre, instantané, immédiat qui s'exprime sans fards dans le visage écrit, sans que l'on puisse jamais avoir la connaissance d'une harmonie préétablie entre l'un et l'autre.) Autant un désir partagé, ou reconnu, permet au discours intérieur la construction d'un ordre, autant à l'opposé l'inexistence d'un désir que l'on désire peut pulvériser l'ordre qu'une personne peut avoir mis des années, voire d'infinis siècles en termes de « temps vécu » à construire. C'est dire encore une fois que le non-dit de la laideur est un non-dit mouvementé et en mouvement, qui plus que tout autre, et aussi paradoxal que cela puisse paraître, s'articule dans un dialogue avec le non-dit, le blanc, les usures de l'autre, interlocuteur muet ou parlant qui permet, avec une répétition du besoin, et un besoin de répétition (comme pour le drogué) l'utilisation permanente d'une vérification qui ne vérifie rien d'autre que l'instantané.

Une entreprise cannibale

Ce n'est qu'exceptionnellement que le laid peut se rassurer s'il sait manipuler la complexité de l'âme humaine et ce qui reste en tout un chacun d'un enfer personnel vécu à l'adolescence, quand on commence à se confronter au désir de l'autre. Les laids intelligents peuvent à ce compte survivre. Quant aux laids bêtes, les pauvres... C'est dire que, de toute manière, l'homme vit, avec son non-dit esthétique, des hauts et des bas, des phases affreuses où rien ne vaut, et des instants où Quasimodo se transforme en Antinoüs.

Bien plus, si le laid est subtil et conquérant, il mettra tout un savoir-faire au service d'un certain non-dit : il rendra esclave le beau dont l'innocence sera peu à peu captée, tantôt par un dévouement sénile, tantôt par une domination arrogante née de la fortune et du rang social. A tort et à raison, le beau se sentira l'obligé ou le dépendant du laid. Pour qu'un tel projet réussisse, il faut évidemment une censure absolue sur le dessein d'appropriation du laid et surtout sur son désir de revanche, sa volonté de dévorer la beauté de l'autre (de faire en sorte que le public admire et ne puisse pas comprendre le pourquoi et le comment d'un tel enchaînement). Le non-dit mobilise à son profit la plus subtile alchimie de la psychologie humaine, utilisant tour à tour le sadisme et le masochisme de l'un et de l'autre, les sentiments de filiation ou de gratitude, sans jamais exprimer qui est le perdant des deux dans de tels couples.

Un tel accouplement peut cependant se fonder sur le cynisme à deux partagé – par le beau et le laid – selon une dramaturgie faustienne, le beau vendant son âme et son corps au laid, suffisamment pour que celui-ci en tire bénéfice, pas assez cependant pour ne pas laisser leur place à la souffrance et au doute du laid. Ainsi la dose de douleur exquise engendrera chez le laid une autre version du non-dit : « Est-ce que cela vaut la peine? » ou « M'aime-t-il (elle) un peu quand même? » Torture avec multiples tentatives de vérifications qui ne peut jamais être apaisée puisque toute question est évidemment interdite. Et si, par malheur, elle était formulée, elle renverrait immanquablement au doute et donc à la torture, avec en prime le don d'une nouvelle jouissance, d'un nouveau pouvoir au Beau.

D'illusoires consolations

Toutes ces questions, plus torturantes les unes que les autres, occupent l'esprit du laid. Certes, il peut être engagé dans une série de revendications sociales, ascensions multiples, pouvoirs, sadisme institutionnel, etc. Il peut même, marié, vivre dans le dévouement admiratif de toute une famille, s'interdire tout regard à l'extérieur, toute approche du désir de l'autre. Mais la vieille blessure enfouie se réveillera d'elle-même à un instant le plus souvent inattendu. Le laid le sait, qui jamais ne pardonne ni n'oublie (je connais un chef d'État africain qui multiplia les offres alléchantes à un compagnon de jeunesse, pour le faire rentrer au pays, et mieux, le faire souffrir jusqu'à l'étrangler enfin. Son seul crime était, étudiant, d'avoir eu des succès avec les filles que l'autre n'avait pas!). En définitive, le laid n'est jamais apaisé. Rarement détendu, il n'a pas d'égal pour la rumination morose. Cette attitude est encore renforcée par l'inclination des laids à se regrouper par corporation : j'ai par exemple été toujours frappé de la tristesse des membres des orchestres de musique classique et des chorales. La pratique du beau sublimé allant souvent de pair avec des problèmes personnels pas forcément sublimés, sans toutefois que l'on puisse affirmer l'existence d'une intentionnalité non consciente dans le choix de tels métiers.

Le laid a d'autres ressources pour se consoler et on peut mettre au compte de la solidarité des laids, bien qu'un immense non-dit recouvre de telles pratiques, la création de multiples institutions tels la prostitution et les bordels.

Qui dira l'angoisse, le supplice avant d'aborder la ou le prostitué, les mille démarches et compromis avant d'arrêter son choix, qui ne sera d'ailleurs presque jamais son choix, tant il faut maintenir un compromis avec son propre masochisme? De ce point de vue, la salle commune des bordels est un remarquable laboratoire social, avec les hôtes ou hôtesses qui ne sont pas de « vrais » prostitués mais que l'on peut quand même « avoir » si on paye un peu plus cher, à titre « exceptionnel » bien sûr, permettant ainsi au laid ou au complexé (qui ne font souvent qu'un) de se bercer de l'illusion d'avoir osé aller plus loin et de remporter une victoire sur lui-même. Sans aller jusque-là, l'éventail de choix multiples de corps jeunes et beaux, avec des visages souvent tristes (le pire serait qu'ils soient indifférents!), permet au laid de se dire qu'il force l'autre à lui vendre sa beauté (ce qu'en d'autres lieux et d'autres temps il n'aurait jamais fait) et que lui, le laid, est assez fort et assez riche pour se payer quand il veut et où il veut la beauté du monde!

Les choix se compliquent, quand, malgré l'un et malgré l'autre (mais avec un désir de l'un et de l'autre), passe (plus souvent qu'on ne le croit) une note sentimentale dans une relation qui n'est pas faite pour cela. C'est un piège douloureusement exquis qui se forme. Piégés par un non-dit qui les empêche d'exprimer ce qu'ils sont, en vérité, perdus l'un et l'autre, ayant aussi peur l'un que l'autre de se faire « avoir », le maître redoutant de perdre ce pour quoi il paye, et l'autre d'abaisser sa garde, pour ensuite être renvoyé de plus belle à sa vraie condition, ils s'efforcent tous deux, le plus souvent, de mettre fin à cette situation.

En fait, ces moyens de faire la paix avec soi-même sont rarement suffisants, même s'ils permettent d'aménager des espaces de relatif bonheur qui autorisent le laid à vivre. Il n'en reste pas moins que perdure une dimension tragique du destin du laid quand « le sentiment panique de la vie »

(Régis Debray) enregistre le gâchis d'une existence sans grâce (à tous les sens du terme), même si elle n'est pas sans ambitions. Ce sentiment du tragique – passer toute une vie sans pouvoir satisfaire le plus essentiel des désirs, celui de se plaire à soi-même – engage un débat shakespearien : être laid ou ne pas être. Cette intimité avec la mort, sous toutes ses formes – le suicide, l'hibernation continue, l'organisation méthodique de la médiocrité – est le secret le plus intime, le plus indicible qui soit, y compris en psychanalyse. Le poids des mots et des silences ne solutionne pratiquement jamais le poids que l'on a sur l'estomac, le poids accumulé de cette extralucidité sur soi-même qui mène au silence le plus buté, le plus absolu, par lequel se marque la distance entre ce qui peut être soulagé par la parole et qui est de l'ordre du symptôme, et ce qui ne peut pas l'être, ce qui est « naturel », ne relève d'aucune thérapeutique, d'aucun exorcisme. Le non-dit est dans cette intime conviction, qu'en définitive c'est là l'ultime vérité qui triomphera toujours. Là où existe cette intime conviction, les mots sont frivoles, encore qu'ils puissent nourrir quelques illusions et permettre quelques séductions. Goya sut mettre de la tendresse et de la sympathie émouvantes dans son exécution des Bourbons d'Espagne, mais ne put ou ne voulut masquer, en son génie, la vérité de l'âme d'une famille telle qu'elle se dévoile sur une paupière trop lourde, un nez bien trop épais, et une lippe dégoulinante. Les Bourbons ont beau être rois et princes, ils portent sur leurs visages les malheurs du monde et leur inintelligence n'est pas même suffisante pour qu'ils se puissent masquer à eux-mêmes leur propre dégénérescence, leur sotte laideur. Pour ceux-là, nous savons quel est le secret de famille aggravé par la consanguinité. Mais pour tant d'autres qui deviennent suspects sur leur simple aspect, que peuvent-ils se dire, lorsque leurs imperfections éclatent au grand jour sous le regard d'autrui, et que l'autre plus ou moins perspicace met à jour la fêlure intérieure? Ils n'ont pas l'alibi de l'histoire ni la ressource du pouvoir. Leur souffrance ne peut produire que de la névrose. Les cliniciens n'ont jamais écrit une sémiologie de la névrose de laideur. Une telle névrose est pourtant répandue qui débute à l'enfance, s'épanouit à l'adolescence, prend des formes chroniques à l'âge adulte pour enfin s'enkyster à la vieillesse. Elle se présente sous deux formes cliniques : la forme impulsive et la forme compulsive. Dans la première, le sujet cherche à vérifier à tout prix qu'il n'est pas si laid que cela alors que dans la forme compulsive, il ne cède à la tentation de vérification qu'après un long combat intérieur entre un non-dit accumulé et terrorisant, inquiet des mille punitions dont sera payé le passage à l'acte, et un surmoi qui incite à tout tenter pour voir s'il est si loin de la beauté.

Quant aux répressions sociales de cette névrose, il serait inconséquent d'en négliger la sémiologie. Il y a connivence entre les névroses de laideur (ce qui n'exclut pas la compétition, la jalousie et la guerre) pour maîtriser, humilier, et au pire récupérer la beauté. Le métier de mannequin par exemple est apparemment fantastique. Il est pourtant constamment soumis au terrorisme de l'idée qu'un jour cela s'arrêtera. On ne sera pas surpris, si on connaît ce milieu, d'y découvrir nombre de toxicomanes, énormément de suicides et à fleur de peau (sauf s'il s'agit de bêtise triomphante!) l'angoisse d'être et de ne plus être. Chez ces créatures de « rêves », on découvre à nouveau un immense non-dit, métamorphosant des êtres triomphants en jouets plus ou moins contrôlés par les névroses de laideur. Il existe une règle secrète pour la perpétuation de tels pouvoirs : que cela ne se dise jamais et reste du domaine de l'informulé. On peut exprimer des motivations comme la haine ou la jalousie, il est indécent et inavouable (sauf à en faire métier comme Serge Gainsbourg) de dire que l'on veut réduire quelqu'un en esclavage, ou l'amener à la ruine et au désespoir simplement parce qu'il est beau.

La névrose de laideur peut aussi, il est vrai, se sublimer, notamment quand le talent s'en mêle. Certes Monsieur de Clérambault s'est suicidé. Mais ce nain génial, fétichiste à ses heures (et quel déplacement que de préférer l'objet à l'être, parce qu'on en a trop peu) a éclairé la folie à travers ses propres problèmes, d'une manière étonnante et quasi insoutenable. Je ne sais pas si Georges Bataille était laid mais je suis intimement persuadé qu'il en avait le sentiment, lequel l'a entraîné à l'ultime de « l'expérience intérieure », à approcher au plus près, le je-ne-sais-quoi et le presque rien (si bien décrits par Jankélévitch) du désir et de la souillure, de la possession et de l'impuissance, savoir secret que seuls possèdent ceux qui sont, de la naissance à la mort, confrontés à la fêlure intérieure et acquièrent plus ou moins cette aptitude à dévoiler, au plus profond, la douleur morale et physique chez autrui, pour l'emmener jusqu'à la souillure, qui est d'une certaine manière la leur propre. Car le temps vécu de sa propre laideur n'a pas qu'une dimension esthétique. Nous avons déjà beaucoup insisté sur le rapport du désir et de la laideur et sur la construction sadomasochiste qu'il entraîne. Encore faut-il, dans le contexte de la désespérance, tenir compte des poussées d'autorépulsion, de dévalorisation de soi, avec néantisation des capacités intellectuelles. De même qu'il y a dans les asiles ou ailleurs de faux débiles (souvent marqués eux aussi par des disgrâces morphologiques), il existe d'innombrables faux imbéciles et faux sots, rendus tels par une attitude morbide autodéfensive, ou par la condition de souffre-douleur ou de souillon que leur assigne leur entourage. On est surpris quand on met en confiance de tels êtres, des trésors de bon sens et d'observation qu'ils ont pu accumuler à partir de leur « corps vécu » (Régis Debray).

Le dernier des justes?

Chez le laid, plus que chez tout autre, à l'exception des malades incurables et des toxicomanes, il y a, au-delà des mots pour le dire, une extraordinaire rencontre dans l'intensité et dans la cinétique, du corps vécu et du temps vécu. Le temps se vit douloureusement dans le corps et par le corps, dans un état de nudité qu'aucun voile idéologique ne vient masquer. Cette rencontre n'exclut pas, bien au contraire (c'est là un avatar du désir de pouvoir et de revanche) la méchanceté. S'il y a des laids qui se meurent dans une pseudo-imbécillité, qui enlève toute crédibilité à leur parole, si d'autres encore ont un quelconque pouvoir, beaucoup trop de laids n'ont comme seule ressource que la méchanceté : on connaît celle légendaire des bigotes, vieilles filles, confites en dévotion, assassinant tel ou telle par la « rumeur », mais il est aussi vrai que la rumination intérieure de beaucoup de laids leur fait voir, quasi sincèrement, le monde extérieur comme mauvais et les gens qui le peuplent comme intrinsèquement pervers et hostiles. Ne possédant pas les mots qui leur permettraient de séduire ou de fuir, ils vérifient dans une relation de persécuté-persécuteur l'hostilité du monde extérieur qu'ils provoquent en même temps. Ces états sont en eux alimentés par cette rumination incessante sur leur disgrâce et leur malheur, et sur l'injustice d'un tel sort qui leur est réservé, malgré les trésors de gentillesse, d'intelligence qu'ils ont et que personne ne veut reconnaître.

Le sentiment d'injustice est le principe moteur du non-dit du laid. Il prend corps dans la fratrie où il est alimenté par les compliments adressés aux autres, et pire encore par ce qu'il croit déceler, à tort ou à raison, des préférences marquées à tel frère ou sœur. A vrai dire, il n'y a pas toujours paranoïa dans ce sentiment : je connais des familles où la mort accidentelle du « beau » a rendu frères et sœurs coupables d'exister. Si ces frères et sœurs peuvent formuler qu'eux et leurs parents auraient préféré qu'ils soient à la place du défunt, personne ne peut ou ne pourra jamais dire que c'était parce que c'était le plus beau et qu'il circulait de l'inceste dans de telles familles. Même là, le sentiment d'injustice se niche dans le sacrifice impossible et l'inaudible question du pourquoi d'une telle préférence. Il n'y a pas, nous l'avons dit, de rêverie suffisamment voluptueuse pour effacer de telles situations. La peur de souffrir mobiliserait-elle tous les anesthésiques réels ou imaginaires, c'est à l'instant même où on y pense le moins que le sentiment d'injustice refait surface, d'autant plus que de joyeuses commères sont toujours là pour vanter les mérites d'un tel, si modeste, malgré sa réussite et sa beauté.

Le sentiment d'injustice est si fort et si permanent qu'il oblige les religions et les théologiens à inventer en contrepoids la notion de justice immanente, de paradis futurs qui, en quelque sorte, organisent, dans l'au-delà ou l'ailleurs, la possibilité d'une revanche : « Heureux les simples d'esprit, les portes du paradis leur sont ouvertes. » On comprend bien qu'il ne s'agit pas là des seuls simples d'esprit mais des pauvres et des disgraciés car les derniers seront les premiers. Il est intéressant de noter qu'à notre époque d'athéisme et de sciences, les voies de la revanche tout aussi présentes utilisent d'autres accès réels (la chirurgie esthétique notamment pour les femmes riches, laides ou vieillies et qui croient acquérir l'immortalité de la séduction) ou imaginaires, tels les films d'épouvante comme *La Nuit des morts vivants* où les laids, encore plus laids parce que morts, partent à l'assaut des beaux, vivants qui profitent de la vie. Il faudrait pouvoir interroger l'inconscient et le subconscient, plus ou moins censuré, de l'auteur du scénario, du metteur en scène mais également des interprètes et du public pour savoir ce qui circule en eux, notamment de la vieille peur de la revanche des gueux, c'est-à-dire de la revanche des laids sur ceux qui ont tous les droits parce qu'ils sont jeunes, riches et beaux! Le sentiment de laideur ne peut pas engendrer la passivité. Pour arriver à vivre avec, il faut en permanence un combat intérieur qui se traduit pour certains par un sentiment de déréliction morose, pour d'autres par la méchanceté, pour ceux qui le peuvent par la conquête d'un pouvoir quelconque. Rien ne peut cependant arrêter un questionnement plus ou moins lancinant sur la démarche d'autrui. Pas plus, d'ailleurs, en symétrie que le questionnement des très beaux (que l'on se souvienne de Marilyn Monroe) qui se demandent toujours s'ils existent en tant qu'êtres humains ou si on ne les désire qu'en tant qu'objets.

L'extrême de l'expérience intérieure

On ne comprendrait rien aux réactions parfois paradoxales des laids si l'on n'avait pas en tête la permanence de ce non-dit, cette méfiance et ce manque de confiance, en soi et en autrui, cette constante vérification des réactions des autres qui conduit à toutes sortes de réactions paradoxales et de provocations inattendues.

Car si un laid vous piège, il tend ses filets dans des régions qui vous sont inconnues, parce que ce qu'il entend vérifier n'a une telle importance que pour lui seul, et qu'il est difficile souvent de percevoir avec quelle démesure il vit son problème, qu'aucune solution ne comble mais qui le pousse à se dépasser s'il en a les moyens intellectuels. La laideur est un extraordinaire moteur pour la réussite, toujours dépassée puisque toujours insuffisante.

S'en prendre à quelqu'un ou à quelque chose est un lourd fardeau s'il est permanent. Les laids sont des gens fatigués (ce qui renforce leur sentiment d'injustice). Ils mènent un combat incessant, combat d'autant plus redoutable que, sauf pour d'extrêmes intimes, rien ne doit transparaître à l'extérieur. Le parti pris ne peut être que censuré, et la revanche exclut tout sentimentalisme qui pourrait survenir si le supposé adversaire se révélait n'être pas adversaire du tout. Notre sujet se fabrique peu à peu une morale à usage strictement personnel, dont il gomme ou écarte les aspects immoraux dès lors qu'ils s'opposent au sentiment d'injustice. Le laid est de bonne foi, au moins pour lui-même; de plus il bénéficiera d'une relative complicité des autres laids, encore que souvent, comme pour les juifs honteux, certains laids se séparent bruyamment de leurs congénères, croyant payer ainsi le prix d'entrée au club des beaux ou tout au moins au club des normaux. (Chacun sait, cependant, que si on chasse le naturel, il revient au galop comme dans la blague juive du marieur citée par Freud dans *Le Mot d'esprit* où le compère du marieur, toutes précautions prises, ne peut pas refouler au moment le moins adéquat le lapsus qui souligne la disgrâce de la promise : « et quelle bosse » a-t-elle, cette fiancée parée par ailleurs de toutes les vertus, qu'il vante jusqu'au moment d'exprimer l'interdit qui empêchera l'affaire de se conclure.)

Tel est le sort qui attend tout laid et qu'il attend lui-même toujours. Les mots « qui ne servent qu'à fuir » (G. Bataille) sont là, à l'intérieur, ajoutés les uns aux autres sans jamais aboutir à l'intime conviction que la laideur n'a aucune importance!

Que l'on ne dise pas que l'ascèse est le moyen d'éviter le poids de la laideur. L'ascèse est tout sauf silence de soi avec soi. Il est improbable que ce soliloque ne mène pas, ne fût-ce qu'une fois, à l'érotisme, et l'ascète laid ne peut pas ne pas s'interroger sur son ignorance de l'érotisme, refus libre et volontaire, ou alibi sublime à sa peur de la confrontation. L'ascète sait, comme le dit G. Bataille, qu'il ne va pas au bout du possible, car le bout du possible est « l'homme entier non mutilé ».

Décidément, il n'y a pas de triche possible : on ne peut pas être étranger à soi-même. L'artiste est là qui témoigne par l'approche ultime de l'œuvre (et même du chef-d'œuvre) que quelque chose est à jamais inatteignable. Même le beau est laid quelque part. On ne connaît pas de beauté immobile, ce qui serait la perfection, et le paradoxe est qu'il y a de la laideur quelque part chez le beau, qui le tourmente autant que sa bosse peut tourmenter Quasimodo. Si le laid savait que le beau peut se sentir comme lui, son tourment serait un peu apaisé. A vrai dire s'il le savait, il ne voudrait pas le croire tant il a besoin de ne considérer que la différence et la cruauté du destin, tant sa raison ne peut être que déraisonnable dès lors qu'elle touche à ce qui manque à jamais, qui est quasiment de l'ordre de la révélation, au plus intime de soi.

La disgrâce ne se dépasse pas – tout au plus des opérations mentales permettent de la compenser, de l'atténuer, de l'utiliser, de prendre sa revanche. Nulle poésie ne chante la laideur, ne la chante en gloire. Mais la poésie élégiaque est pleine de la complainte du disgracié. Pour elle, point de « cantique des cantiques ». La seule créativité qu'elle engendre est celle d'un exercice, parfois exquisement douloureux, de la perversité. S'il n'y a pas poésie pour le laid, il peut manier, avec quelle duplicité parfois, ce que Bataille appelle « la perversion poétique des mots » qui lui permet d'étendre une domination ou de la subir. Mais même poussée à l'extrême, il est dans la nature des choses qu'elle bute sur l'expérience sensiblement personnelle de la laideur, comme y bute toute explication logique. Là, la possibilité perverse s'épuise à son tour, ne fait plus barrage au dégoût encore augmenté du poids des actes et des mots pervers. Les cliniciens le savent : la perversion est proche de la mélancolie, quand le dégoût de soi envahit un sujet, le suicide n'est pas loin, porte ouverte pour une solitude sans grâce. Le suicide demeure cependant une extrémité réservée à ceux qui osent aller au bout du possible, tandis que le plus grand nombre se contente d'être lâche ou garde un espoir, ou encore se mithridatise contre l'angoisse et la douleur. Heureux ceux qui croient en Dieu ou en un ailleurs. Alors le non-dit devient dialogue avec le supposé créateur, l'interrogation sur l'injustice lui est destinée, il y a quelqu'un à l'adresse de la supplication.

Je veux bien croire que Dieu répond à ceux-là qui croient en Lui et libère l'homme de son silence parlant. Mais on ne peut pas aller plus loin : si, au sommet de l'angoisse de la supplication et de l'ascèse, on entre dans le Saint des Saints pour n'y trouver que le vide, alors que reste-t-il?

Il existe bien un autre chemin, celui de la dérision et du rire, comme l'équilibriste sur une corde raide jongle avec sa vie. Mais imagine-t-on quelqu'un qui rit jusqu'à l'ultime de sa vie? Et quel drame, lorsque le rire manque, que le plaisant prend en défaut sa propre dérision, il se trouve renvoyé à la mélancolie.

Ascèse ou dérision, génie de l'art ou dictateur sadique, le laid a mille moyens d'échapper à sa condition. Mais pour les autres, pas pour lui-même! Ces subterfuges l'aident à vivre, souvent à vivre bien. Une seule chose peut le sauver si elle force sa conviction : l'amour d'un être, adulte ou enfant, qui transforme, en toute sincérité, sans restriction aucune, sa laideur en beauté. Alors, rompant le silence, apparaît la possibilité de transgresser l'impossible.

Sadisme et masochisme.
Le non-dit

Le sadisme et le masochisme : le désir fasciné devant la star, et le désir non moins fasciné de sa chute, de la jouissance devant la chute, et la nostalgie de l'avant de la chute. Ou bien encore l'envie féroce que l'on a de l'amant de l'amie ou de l'ami, dont on connaît par ailleurs la perversité, ou pire encore, le dédain qu'il a pour vous. Tout cela qu'il est impossible de dire, obligatoire de censurer, donc de dissimuler. Le non-dit obligatoire des sentiments ambigus, du désir d'être soumis et humilié mais sans trop perdre l'honneur ni la face. Le non-dit de ce qu'on sait de l'autre, et de ce que l'autre sait qu'on sait, toile d'araignée du piège exquis de la relation sadomasochiste.

L'explication psychopathologique de telles situations ou sentiments, par le biais de la causalité, assassine la possibilité de l'émotion-jouissance qu'un tel rapport de forces procure. On peut, à la rigueur, décrire au plus près, mais il est extrêmement difficile, sinon impossible, de formaliser par le langage, déjà en soi réducteur, et qui a pour fonction de canaliser le flux chaotique, incohérent, irrationnel des sentiments, des sensations ambiguës, contradictoires et constamment en mouvement, que l'on vit et que l'on ressent. Il est par exemple tout à fait possible à un psychanalyste d'expliquer le pourquoi et le comment de l'engrenage sadomasochiste, mais il est par contre incapable d'expliquer, voire de ressentir, l'intensité du flux émotionnel contradictoire du désir et de la peur du désir. Finalement, ce sera rarement la causalité du sadomasochisme qui sera niée par lui, mais presque toujours l'intensité de l'émotion, du désir de soumission, ou de la prégnance du fantasme. C'est peut-être la raison pour laquelle certains personnages sont allés jusqu'à l'extase, d'autres jusqu'à l'utilisation des drogues : le L.S.D. et les hallucinogènes pour la voyance, les amphétamines pour le plaisir exquisement douloureux de la « descente » mélancolique, l'héroïne pour le plaisir archaïque du nourrisson sans culpabilité et si chaudement humide.

Osera-t-on dire que le non-dit a toujours quelque chose à voir avec le « pervers »? Il est une culpabilité de soi portée sur soi. Pas seulement parce que ce qui est censuré a à voir avec la loi réelle, laquelle réprimerait telle ou telle expression, dite transcription d'un passage à l'acte, qui mettrait en danger une partie au moins des rapports sociaux existants, mais parce que la satisfaction qui pourrait être obtenue par la suppression du non-dit serait frappée de stérilité : expression de ce qui est indicible, sa mise en lumière empêcherait à tout jamais la possibilité d'une répétition, tuant du coup l'ambiguïté que recèle le non-achèvement du désir et qui en fait justement le charme, l'aspect exquisement douloureux du plaisir dont nous venons de parler. C'est en ce sens que la mise en situation ou la stylisation d'un non-dit qui, d'individuel, devient collectif, non seulement assassine le sauvage de l'émotionnel mais encore ne permet plus à ce non-dit (bien qu'il soit en même temps et contradictoirement libérateur) de remplir sa fonction du côté de la jouissance ambiguë, fonction qui est et qui ne peut être à la fois qu'élaborée et mal définie, puisqu'elle se construit dans un rapport de forces constant entre la réalité et l'imaginaire, l'évident et le refoulé, l'agi et le rêve éveillé, voire halluciné.

Le non-dit est toujours préoccupé du futur qui y prend la plupart du temps la forme d'une sanction. Cette sanction peut n'être que la fin de la jouissance, laquelle ne s'accomplit vraiment que sous réserve de s'achever. Mais en même temps, il y a toujours quelque chose d'objectif dans la sanction attendue. Elle a à voir avec la réalité du rapport de forces. Dans tout non-dit, il y a une part de fiction et une part de réalité. La partie est difficile à jouer pour le sujet qui ne sait jamais très bien jusqu'où il avance et le bénéfice qu'il peut en tirer, par-delà le besoin « sauvage », irrationnel, qu'il éprouve de lever la censure, ne serait-ce que pour échapper à la folie en mettant de l'ordre dans le désordre. Quoi qu'il en soit, le non-dit, par son existence, crée une sorte d'aire intermédiaire dans l'esprit du sujet. Cet espace est occupé par un « objet transitionnel » psychique, qui, comme un produit toxique, procure à la fois du plaisir et du déplaisir, de l'excitation et de la dépression, relève du culturel et de l'émotion brute. Cet « objet transitionnel » est un compromis toujours instable entre la réalisation d'un désir, l'impossible déni d'une situation précise dans la réalité, et le combat à mener pour trouver des voies appropriées à la satisfaction du désir qui ne soient pas des voies directes ou simples, lesquelles entraîneraient une catastrophe que le sujet essaye justement d'éviter. Sauvegarde de l'identité non censurée du sujet, il est contradictoirement annulation, puisque introjecté, il ne permet pas de dépasser dans un combat réel une situation objective dont il n'est pas le maître, quoiqu'il rêve cependant de l'être.

La jalousie est l'exemple typique de cette aire psychique intermédiaire, génératrice de situations artificielles, comme celle d'empêcher la future star de devenir une star, de le lui faire savoir pour qu'elle devienne votre chose, inversant en cela une situation réelle, en gardant suffisamment de contacts avec la réalité pour savoir que, même s'il lui était possible de devenir star, le sujet n'oserait pas, en raison de censures diverses ou d'image idéale du moi trop grande, et donc qu'à l'aune des souffrances qui l'attendent, il gagne quelque chose dans le jeu sadomasochiste qu'il a engagé. Une jalousie exprimée sans détours annulerait toute possibilité de tirer bénéfice de cette construction. Seule, la manifestation indirecte par des signaux à valeur de messages peut, dans cet exemple, édifier un espace satisfaisant, permettant au jeu de l'imaginaire de se défouler tout en « sauvant la face du sujet ».

Le non-dit est hypocrite, il est souvent non-dit par convention, accord mutuel plus ou moins clair, relâchement résigné ou plus ou moins accepté par la société bien obligée de témoigner d'une tolérance à géométrie variable comme, par exemple, pour l'homosexualité dont l'acceptation s'arrête à la pédophilie mais couvre le travestisme, voire la folle caricaturale, alors que le vrai androgyne est interdit en tant qu'il menace la loi. La caricature de l'androgyne, la « folle », n'est admise que parce qu'elle est extrême et permet ainsi aux autres de se situer par rapport à la loi. Nous touchons du doigt, une fois de plus, l'intensité de l'ambiguïté affective qui est la clef de bien des problèmes psychiques, lorsque ceux-ci ne sont pas nettement partagés entre « l'intérieur » et « l'extérieur », lorsqu'ils s'élaborent sous nos yeux, subissent de perpétuels changements, et ne participent pas, ou pas tout à fait, d'une élaboration structurelle.

Le non-dit relève de ce type de processus à la fois instable et permanent, équivalant à une guerre civile psychique intérieure qui permet de supporter l'épreuve de la réalité extérieure et l'épreuve de la réalité psychique intérieure par une série de compromis ambivalents, affectifs et émotionnels avant de devenir du sens ou de donner du sens. Il n'y a pas dédoublement du moi. Le non-dit, en général, n'a rien à voir avec la psychose. Bien au contraire, il est le remède qui protège contre la psychose ou toute autre forme d'aliénation majeure. Avec lui, l'hallucination est apprivoisée grâce au rituel, au jeu tragique ou comique. S'il y a un non-dit du clan, du groupe, de la bande, de la communauté, il y a d'abord élaboration d'un modèle personnel, avec lequel le sujet peut se débrouiller, même si la vérification de complicités externes est évidente, notamment dans la lutte contre la folie. Le non-dit est à la fois offensif et défensif, demandeur et sur la réserve, désir secret de vérification et de non-satisfaction, comme l'est toute organisation du sadomasochisme. Toutefois, en l'absence de passage à l'acte, s'il ne reste qu'un fait psychique intériorisé, il risque de devenir dangereux, hallucinatoire et/ou paranoïaque. Il lui faut trouver, comme le sadomasochisme, une forme plus ou moins symbolique ou déviée du passage à l'acte. Encore faut-il distinguer entre les explosions et la marmite psychique, à l'occasion ponctuelle de situations affectives données et les mouvements au long cours à l'instar du rituel religieux, fétichiste ou extatique, qui sert de soupape d'échappement permanente aux esclaves.

Tout se passe comme si le raisonnement infra-verbal était réduit à sa plus simple expression au profit de schémas, plus bruts, véritables conglomérats d'intuitions, de raisonnements ramenés à leur plus simple expression, d'idéalisations imaginatives, plus fulgurantes ou plus archaïques que démonstratives. D'une façon générale, on croit au « non-dit ». On y croit beaucoup, beaucoup plus qu'à ce qu'on est censé officiellement croire. Même s'il est souffrance, le non-dit est promesse symbolique et affective qui permet en fait de supporter la réalité. Il y a bien sûr manipulation dans cette adhésion, mais aussi jeu. L'adhésion est suffisamment contrôlée pour que le passage à la réalité puisse à tout moment se faire. Mais l'inverse est non moins vrai. Ce qui est incontrôlable est l'intensité de l'affect, du ressenti. Le non-dit est peut-être connaissance ou savoir, mais c'est avant tout un savoir émotionnel. Le non-dit a sa place dans l'ambigu, ce qui est sa chance de survivre, d'évoluer, de s'adapter (comme par exemple l'extraordinaire syncrétisme des rites « secrets » brésiliens). Il ne s'inscrira jamais dans une véritable structure psychique. S'il s'inscrit quelque part, c'est dans la mémoire où il s'enrichit des fruits de l'imagination. Mémoire individuelle, mais aussi mémoire collective du groupe. En tant qu'objet mnésique il devient d'ailleurs facteur d'intégration à ce groupe.

Le non-dit n'est pas solitude. S'il est quelque part solitude, il a aussi besoin de recueillir auprès d'autrui les éléments d'une vérification, souvent sollicitée à mi-mots, par connivence à moitié secrète. Même si les autres possèdent un non-dit différent, l'important, et l'essentiel, est de pouvoir vérifier qu'avec ce non-dit, on n'est pas fou. C'est là une différence capitale avec l'hallucination pathologique.

Encore faut-il admettre qu'existe un processus d'initiation au non-dit collectif, ritualisé pour les grands « non-dits » de groupe, mais initiation signal-symptôme pour les simples individus qui se cherchent et se tâtent avant de se retrouver, soulagés (un exemple peut être donné par l'utilisation du « verlan » dans les bandes de jeunes). Même si, pour l'extérieur, ces personnes peuvent sembler en état d'hallucination, elles savent et sentent qu'il n'en est rien et qu'elles possèdent le contrôle magique de la situation, qu'elles vérifient d'ailleurs en permanence en passant de l'illusion au réel. On notera ici encore une certaine analogie avec les effets de produits toxiques, ceux-ci créant et recréant, comme un besoin également, des « highs » et des « downs », des entrées et des sorties de la réalité. De ce point de vue, l'utilisation des drogues dans les temps modernes où le verbal ne maîtrise plus très bien la dynamique des événements sociaux, techniques et scientifiques, semble être une création encore archaïque d'un non-dit collectif moderne, centré autour du plaisir et de l'anesthésie, faute de maîtriser suffisamment la causalité et l'éthique nécessaires à la manipulation de cette causalité : comme les choses vont très vite dans la réalité, les sujets ont également besoin de quelque chose qui va très vite, du produit et de ses effets, faute d'outils adéquats dans la réalité, pour se construire un non-dit plus élaboré. Ainsi peut-on se dire que plus rapide est l'élaboration d'un non-dit (par ailleurs indispensable à la survie) et plus ce non-dit se rapproche d'une illusion, à la limite de l'hallucination, quitte, pour s'en sortir, à passer plus rapidement (très rapidement dans le cas de la drogue) d'un état à un autre. Cette rapidité de passages a pour conséquences des effets pervers, et notamment la souffrance à l'image des états de manque ou des périodes de sevrage chez les toxicomanes, des états dépressifs chez le jaloux ou chez l'adolescent qui mesure l'abîme entre ses rêves secrets souvent mégalomaniaques et les dures réalités de la vie. Dans tous nos cas de figure, l'acceptation de la réalité ne peut pas être une fin en soi et ne peut pas non plus ne pas le devenir. Pour qu'il en soit ainsi, il faut que l'illusion ait une intensité forte, suffisamment pour que l'inéluctable des illusions n'entraîne ni la mort ni la folie. Cette force le sera d'autant plus que d'autres (si possible vécues comme supérieures) seront en quelque sorte obligées d'adhérer à l'illusion. Elle le sera également d'autant plus que l'illusion fera appel à des sentiments, des sensations et des affects extrêmement archaïques, incontrôlables par un mécanisme de refoulement quelconque, mais qui sont cependant suffisamment plastiques pour s'adapter aux besoins de la réalité. En général, le non-dit est progressivement désinvesti quand l'adaptation aux besoins de la réalité peut se faire sans trop de souffrances, notamment par le biais de transferts culturels ou idéologiques, et surtout quand le non-dit a une grande connotation sexuelle.

Mais plutôt que de désinvestissement, on devrait parler d'investissement et de désinvestissement alternatifs, en miroir, de cycles plus ou moins réguliers, d'états de grâce obligatoires qui sont indispensables à la survie de l'individu sans constituer au sens véritable du mot, des défenses. De ce fait, ce système permet la coexistence de deux types de dépendance : l'un avec ce qui est à l'intérieur, et l'autre avec ce qui est à l'extérieur. On retiendra que, plus le système intérieur est prédominant (c'est-à-dire plus l'affectif et l'archaïque l'emporteront sur la causalité) et plus le sujet sera prédisposé à et disponible pour une véritable dépendance toxicomaniaque. Par contre, une alternative relativement bien équilibrée autorise une étonnante adaptation à la vie, même dans des conditions extrêmement dures (meilleure survie des « idéologues » dans les camps de concentration par exemple). Le non-dit est alors une extension des techniques d'adaptation mais il serait ridicule de le limiter à cela. Le non-dit n'est pas seulement utile, il n'a pas de fonction définie. Et surtout pas de fonction aussi réductrice. Il y a quelque chose de gratuit en lui, comme l'est par exemple la poésie. Il existe dans le plaisir et dans la souffrance au-delà de toute fonction. Et il ne peut l'être qu'en tant que déni de la réalité, plus encore en tant que déni du clivage entre l'intérieur et l'extérieur.

Nous sommes en pleine contradiction, mais c'est précisément cette contradiction qui fait la richesse de cette élaboration humaine qui différencie l'homme de l'espèce animale, seulement capable de développer des dépendances biochimiques. Participant de l'imaginaire, le non-dit n'est pas l'imaginaire, pas plus qu'il n'est fantasme, alors qu'il participe de l'élaboration fantasmatique. Il est à l'architecture psychique ce qu'est l'échafaudage à la maison : quelque chose de fragile et d'indispensable à la fois sans lequel la maison risque de s'effondrer. Comme l'échafaudage, il peut avoir l'aspect de la maison mais il n'est pas la maison. Il n'est plus seulement décor car il soutient et il supporte, et la moindre pièce enlevée entraîne l'effondrement du maître d'œuvre.

Reste qu'aussi fragile que soit un échafaudage, il demeure une construction. Or, il faut situer encore ailleurs le non-dit. Construction, mais comme l'est un sentiment, ou plutôt une nostalgie en mouvement qui contrecarre un autre sentiment : celui d'une perte inéluctable, d'un impossible ailleurs. Même s'il devient ritualisé (sous la forme du candomblé par exemple), le non-dit s'avère vrai dans l'acuité de la fulgurance, dans le coup de poignard douloureusement exquis où il se constitue comme évidence et comme seule réalité circonférencielle pour le sujet : seul instant où il est dedans et n'a pas d'issue pour en sortir, donc où il est obligé d'en profiter pleinement, quitte à en souffrir. On peut supposer que c'est là le but ultime de la transe de posséder, ne serait-ce qu'une fois, quelque chose qui, à cet instant précis, ne disparaîtra jamais. De même que l'on peut considérer toute ritualisation comme une préparation à cet instant, aussi minuscule soit-il, vu de l'extérieur, et qu'ailleurs on pourrait appeler l'extase. L'extase n'est pas le fantasme, encore moins le rêve. L'extase est un état quasi magique où la fusion de l'intérieur et de l'extérieur est totale, comme l'est le coup de foudre. Cette fusion est à la fois vécue et ressentie. Tout cela est incompréhensible vu de l'extérieur si on ne saisit pas l'intime conviction du sujet et l'atmosphère dans laquelle il baigne (notons encore l'équivalence avec les effets induits par la drogue). Il y a certes relation d'objet avec le réel, puisqu'il y a composition avec lui. Mais ce qui bascule et qui n'est pas explicable par la causalité (notamment par la causalité structurelle), c'est ce complet changement d'intensité dans l'atmosphère du vécu du sujet. C'est le changement et non le fait de fantasmer qui marque une modification de statuts. Certes, il y a l'avant et il y a l'après, éléments d'élaboration, de causalité ou de rationalité. Mais cette mise en condition plus ou moins raisonnée n'a de sens, ou plutôt n'a d'intérêt, que pour son acmé. Elle sera si émotionnellement forte qu'à son tour elle deviendra un instrument mnésique formidable pour le futur, jamais effacé, jamais refoulé, toujours accessible au sujet. On pourrait à la limite dire qu'il existe un non-dit à l'intérieur du non-dit : le mystère. Les religions ont toujours constitué des cercles concentriques d'initiation vers un plus loin, nécessitant efforts et abnégations, savoir et isolement, sélection élitiste de plus en plus poussée, pour aboutir peut-être à la découverte du rien. Faire le vide dans sa tête de toute pensée parasite est une insinuation du petit véhicule bouddhiste. Dans le Midrash juif on raconte l'histoire des quatre sages qui, à la fin de leur vie, eurent le droit de pénétrer dans le saint des saints : l'un devint fou, un second mourut, un troisième se livra à la luxure et à la débauche, le quatrième se remit à étudier. Peut-être n'y avait-il rien.

Mais ce rien redoutable, qui renverrait l'homme à l'inutilité et au non-sens de sa vie et de ses souffrances, peut se transformer en un tout radieux, sans qu'il y ait besoin d'aucun sens si sa charge affective, l'ivresse du vécu, le comblement de tous les sens, y compris dans le douloureux-exquis d'une souffrance masochiste, lui permettent d'être à cet instant-là.

Peu importe le facteur temps : pour certains, il faudra des années de préparation et beaucoup s'arrêteront bien avant, se contentant d'assumer un non-dit rationalisé et intellectualisé en se satisfaisant de plus ou moins bon cœur de ce non-dit quasi rustique, souvent centré autour de l'amour, de la jalousie, du sentiment de persécution ou d'infériorité. Pour d'autres, au contraire, l'impérieuse nécessité de survie dans un monde dur et impitoyable dont ils ont perdu le sens les mènera vers un chemin plus haut et plus difficile à parcourir.

Nous ne discutons pas ici de la valeur du contenu du non-dit. Nous signalons la place et l'importance dans l'économie psychique du non-dit, qu'il soit rudimentaire, archaïque ou élaboré, raffiné et sublime. Quel qu'en soit le contenu ou le mode de sublimation, il occupe la même place, comme un sas entre l'intérieur et l'extérieur. Mais ce sas ne doit pas être compris uniquement du point de vue fonctionnel. On peut assigner une fonction à l'orgasme, le langage restera pourtant réducteur par rapport à l'intensité du plaisir éprouvé, le temps vécu de ce plaisir et ce qu'il apporte de spécifique et d'incommunicable à autrui. Il en est de même de l'aboutissement personnel du non-dit pour un individu. Là où tout culmine pour le meilleur et pour le pire. S'il y a fonction, c'est dans ce qui est autour, dans l'explication ou la justification donnée à postériori. Mais l'acmé, qu'elle soit ou non vécue comme extase, n'implique pas une dépense d'énergie psychique. Bien au contraire, il y a injection massive d'énergie comme une éruption de volcan à l'envers. Cette description d'un non-dit, systématiquement orienté vers l'extase, est dans la réalité bien idyllique. Cela représente un « must », un maximum. Mais l'essentiel est de comprendre de quel mouvement il s'agit, même lorsqu'il est réduit à quelque chose d'extrêmement primitif, voire archaïque, comme le sentiment brut de jalousie. Il n'en reste jamais là, bloqué à ce stade. Il y a toujours utilisation et manipulation autour, que ce soit du temps vécu ou de l'atmosphère, du plaisir ou de la souffrance. Dans un certain sens, c'est là la fonction du non-dit : fournir au sujet, par son acmé, la capacité d'être seul sujet et de faire face à n'importe quelle situation, sans être obligé d'avoir recours à du symbolique, ici totalement inopérant, puisque l'environnement ne peut absolument pas être manipulé par le symbolique (on est esclave ou on ne l'est pas!). La fonction de l'environnement est justement d'être l'environnement qui ne se modifiera pas au gré des fantasmes ou des rêves du sujet, alors que la fonction du non-dit est de créer de l'intensité, un peu comme est différent de voir un feu brûler et de se réchauffer à sa chaleur. C'est l'intensité qui est source de vie, comme le spasme est à l'origine de la douleur, et non le contenu du non-dit.

Quel que soit le thème, le non-dit n'est jamais un futur. Il peut à la rigueur avoir un passé, ou mieux, se servir du passé. Mais il se conjugue fondamentalement au présent car il est d'abord et avant tout émotion et affectivité. En cela, il se sépare du fantasme, comme la poésie se sépare de la philosophie : l'une est ressentie quel qu'en soit le sens, l'autre est comprise et peut n'être absolument pas ressentie. Mais il n'est pas non plus le rêve car il y a toujours dans le non-dit une forme de contrôle due à la confrontation permanente avec la réalité et l'obligation d'un choix à faire par rapport à cette réalité.

Il n'est pas aisé de concevoir comment se chevauchent les territoires du non-dit et de la réalité. Comment peut-on avoir deux « temps vécus » au même instant? Comment peut-on passer de l'un à l'autre sans être dissocié? L'apprentissage et l'acquis mnésique, individuels et collectifs, entrent alors en jeu, depuis ce qui s'est passé dans la toute première enfance jusqu'à l'âge adulte, pour amener le sujet à vivre cette dualité dans les deux registres différents dont nous n'arrêtons pas de parler : l'un d'émotion, de douleur, de mélodie, l'autre de raison et de rapport de forces. Il va de soi que rien n'est aussi schématique et qu'il y a du raisonnement dans le premier registre et de l'émotion dans le second. Ce qui permet d'ailleurs la constitution d'espèces de « sas » psychologiques, véritables territoires psychiques intermédiaires, comme l'est en biologie la membrane cellulaire où s'effectue l'alchimie de l'échange d'un registre à l'autre. On peut même parler de créativité au sens où un écrivain, un musicien, un architecte, créent une œuvre (ce n'est d'ailleurs pas pour rien que figurent assez souvent dans les cérémonies ritualisées exploratoires du non-dit des scènes de pseudo-accouchement, même quand le Maître des saints par exemple est un homme!). Dans la créativité, il y a quelque chose de prélogique, introduisant, comme le dit Marion Milner, du familier dans le non-familier.

Nulle autre activité que le jeu ne peut effectivement créer du familier dans le non-familier et c'est d'abord de l'apprentissage du pouvoir du jeu qu'a besoin le sujet pour acquérir la possibilité de manipuler du non-dit et vivre la dualité dont nous parlons plus haut. Mais entre le jeu de l'enfant et le jeu nécessaire à l'adulte pour vivre les deux registres, il y a changement de place du jeu. L'atmosphère du jeu connaît une escalade dans la dramatisation, dans la mise en scène pour que cette dernière puisse remporter l'intime conviction du sujet. Ce n'est pas la place du jeu qui est originale en soi, mais, comme pour les effets des produits toxiques, l'absolue nécessité d'en augmenter les « doses » pour arriver à l'effet voulu : ici le glissement d'un registre dans l'autre. Il existe pour chaque individu un arrangement séquentiel et un fétichisme propres dont la mise en place permet de déclencher l'état voulu et dont l'absence sera ressentie comme le manque et parfois vécue aussi dramatiquement que lui. Le manque de jeu, avec le manque du jeu peuvent conduire à des impasses aussi redoutables que la folie. Alors qu'à l'inverse, le jeu doit avoir des vertus curatives suffisamment rapides pour faire face à des situations brutalement changeantes et qui ne peuvent être confondues l'une avec l'autre. On comprend que s'il y a élaboration séquentielle, il y a aussi utilisation de quelque chose d'extrêmement archaïque mis en place et éprouvé dès la toute première enfance, lorsque le sujet a commencé à découvrir la possibilité du va-et-vient (avec le sein de la mère d'abord, avec les objets fétiches ensuite).

C'est ce mélange d'archaïque et d'élaboré qui, ayant valeur d'expérience, permet l'utilisation de ce langage – non-langage – qui est le non-dit dont la nature même est d'être ambigu, ni tout à fait rêve, ni tout à fait fantasme, ni tout à fait réalité, avec de plus l'apport d'un côté magique, d'une création quasi instantanée. On ne sera pas non plus surpris de retrouver toute une connotation sexuelle dans cette passe du jeu et dans l'élaboration du non-dit : rappelons ici la place essentielle de la masturbation, de son plaisir ressenti et du côté magique de la fantasmatisation qui l'accompagne dans la vie de tout homme.

N'est-ce pas une des rares choses qui lui reste quand il ne croit plus au Père Noël ou aux contes de fées et qu'il se trouve dans une totale solitude (parfois au sens propre : comme en prison)? Et n'est-ce pas l'escalade obligatoire vers le sadomasochisme sexuel quand la masturbation devient inefficace, ses effets magiques s'épuisant pour telle ou telle raison?

Comme pour la drogue, la notion d'épuisement d'effets est essentielle puisque l'intensité est primordiale, et secondaire seulement le sens. Toute ritualisation initiatique vise à contourner l'obstacle de l'épuisement. Quelle est la religion qui ne promet pas un paradis ou un enfer, une punition ou une récompense dont on notera que la composition physique, de chair et de sang, n'est jamais absente, et qu'elle a même tendance à pouvoir devenir effrayante? (Qu'on se souvienne de l'horreur dans le film *Salo* de Pasolini, indispensable pour arriver à faire jouir les dignitaires fascistes.)

On ne peut pas, malgré la notion d'épuisement, assimiler le non-dit au désir. Il est moins réduit et beaucoup plus élaboré que le désir, même s'il y a presque toujours une connotation désirante. Mais on rencontre dans le non-dit la notion de préoccupation (au sens de souci, cher à Winnicott), de souci du « sas » entre l'élaboré et le non-élaboré, ainsi que l'obligation de vérification. Dans tout non-dit, il y a un persécuté-persécuteur, obligatoire, puisqu'il y a forcément manipulation de la réalité, toujours vécue comme impropre à satisfaire l'idéal du moi du sujet ou comme interdisant la jouissance. Cette préoccupation élaborée est certainement un des meilleurs remparts contre l'éruption pulsionnelle, qui, elle, serait incapable de faire face à ce type de situation pouvant aller jusqu'à l'annulation du sentiment d'existence, et plus ou moins, jusqu'à la folie, transformant un non-dit raisonnable en non-dit « déraisonnable ». L'apprentissage du non-dit est ainsi en perpétuel développement et en perpétuel mouvement; apprentissage de ce qui peut être dit et de ce qui doit être censuré. L'enfant en fera la vérification dans cette préoccupation ludique, notamment en matière d'auto-érotisme pour découvrir ce qui peut être accepté par l'environnement et ce qui est apparemment inacceptable. Rien n'est moins stable, malgré les ritualisations, que le non-dit. Il est évanescent, ne se situe nulle part, et pourtant il réapparaît, en dépit de tous raisonnements sensés. Aucune explication raisonnable n'en viendra à bout, du moins définitivement, même si l'explication semble juste au sujet et remporte momentanément son intime conviction. Le sujet trouvera toujours une situation particulière qui permettra par les mêmes mécanismes déjà éprouvés de refabriquer du non-dit. Il vaudrait d'ailleurs mieux dire état (comme on parle d'état d'âme) que situation, sans supposer forcément l'existence d'un fil conducteur causaliste.

Quelquefois d'ailleurs, ces états arrivent dans le désordre, au milieu d'un chaos émotionnel, qui les rend souhaitables et nécessaires, tant il est vrai qu'une autocensure conduirait à l'angoisse. Car même s'il provoque des sensations délicieuses, parfois dans une douce rêverie auto-élogieuse, le non-dit a toujours à voir avec ce qui est interdit ou inavouable, et sa créativité doit vaincre les obstacles, qui, eux, sont créés par l'apprentissage concurrentiel de la loi, apprentissage visant à créer en tout temps et en tout lieu un état intégré, quel que soit le sentiment du soi que l'on puisse avoir. Comme le non-dit est refus ou impossibilité de cette intégration, il apparaît souvent comme un sentiment immense de punition imminente envers une faute dont on sait qu'elle existe, mais dont on ignore le plus souvent la nature exacte, ou dont la nature imaginée est disproportionnée par rapport à la valeur réelle. Souvent, cette angoisse de punition est si forte qu'elle envahit complètement le champ de la conscience. Et seule alors une interprétation de type psychanalytique peut interrompre le processus, même si le sens donné n'est pas absolument le sens. Car c'est le besoin de rationnel qui est en cause ici. De même, la modernité a pour fonction de vaincre l'archaïque, quelle que soit la valeur de l'archaïque, de même pour vaincre l'éruption d'un non-dit sauvage, qui serait incontrôlable, le sujet est « obligé » d'organiser un sens autour de cette explosion, alors que ce sens est certainement plus artificiel et plus plaqué que l'éruption elle-même et qu'il faut bien souvent, en clinique, sauf à faire une faute professionnelle, dépasser ce « sens »-là, surtout ne pas le figer par une interprétation, laisser place à l'apparent insensé, reconnaissant au non-dit le droit d'être décousu, contradictoire, voire informe, pour qu'il puisse se constituer et se déconstituer en même temps. Saisir ce mouvement, c'est également comprendre l'importance du différentiel sadomasochiste dans la constitution de ce mode d'existence. Le sadomasochisme permet à la sensation de prévaloir sur la structure, et à l'instant vécu d'être plus essentiel que l'organisation du temps. Face à la réalité extérieure dont la qualité première est qu'elle ne peut pas être maîtrisée par le désir de l'homme, cette souplesse, mais également cette absence de contrôle du non-dit offrent au sujet un soulagement – un tant soit peu autocomplaisant – et l'accès pour lui, si misérable, à la jouissance, fût-ce au prix d'une extrême douleur. Paradoxalement, le non-dit (même dans ses apparences paranoïaques) témoigne d'une certaine bonne santé puisqu'il est refus de la soumission et du fait accompli.

Encore faut-il qu'il demeure dans certaines limites. Sinon ce serait l'émergence de la folie. C'est toute la différence entre ce qu'on pourrait appeler halluciner d'une façon objective le monde réel et l'halluciner d'une façon pathologique.

Même là, il faudrait nuancer, car tout dépend davantage de la vitesse de possibilité de passage d'une forme à l'autre, pour que se maintienne l'équilibre toujours instable de la bonne santé. C'est sans doute pourquoi, faute de mieux, certains sujets optent pour des formes de dépendance, la plupart du temps dans la variété sadomasochiste, pour échapper à l'angoisse de cette inconnue : avoir à rétablir à tout moment une « bonne santé ». La dépendance apparaît comme moins dangereuse que l'obligation d'un choix ou d'une révolte ouverte devant la réalité extérieure. Il ne peut pas y avoir de non-dit sans réalité extérieure. C'est une histoire de couple dont la relation intime commence extrêmement tôt, dès la fin du stade fusionnel, et dont le gradiant sadomasochiste sera d'autant plus fort que la relation à la mère aura été intense et la séparation difficile, et que dans le même temps les facteurs de l'environnement sont vécus comme très menaçants. Alors il est quasi obligatoire que le non-dit donne signe de vie et occupe une place importante dans l'espace-temps du sujet.

A l'extrême limite, lorsqu'il n'a plus aucune possibilité d'opérer le passage entre les deux états, lorsque l'atmosphère du non-dit devient si horrible et si prégnante qu'elle occupe tout le champ de la conscience, il n'y a plus de place que pour le suicide. Car le paradoxe du non-dit est qu'il est à la fois caché, et qu'il doit se montrer pour être utile au sujet (ce peut être le grain de peau d'une femme dans une toile d'Ingres, les fantasmes de Jérôme Bosch ou la mise à mort sacrificielle dans une cérémonie vaudoue), dans sa fonction réparatrice, rejoignant en cela le concept d'ambivalence de Freud, en tant qu'aspect de la maturation individuelle.

Nous noterons une fois de plus que la voie la plus facile, en termes d'économie psychique, reste la voie de la dépendance alternée qui a cet avantage énorme de toujours faire référence à quelque chose de connu, donc de reconnu. C'est une des raisons fondamentales de l'adhésion des hommes à la ritualisation de leur vie et de la délégation d'une partie de leur non-dit à un Sacré et un Secret collectifs. Cette délégation n'est pas incompatible avec le sentiment d'être dupé, et d'abord dans la sexualité : la relation au plaisir est le sacrifice le plus souvent exigé par ceux qui obtiennent délégation d'organiser le rituel. Car ils ont, d'expérience, appris que la dépendance à leur système dépend de leur pouvoir de censure, de punition et de récompense sur les êtres. Le sacrifice consenti à l'adaptation extérieure risque d'entraîner en retour un sacrifice dans l'utilité libératoire du non-dit, d'où l'explosion périodique de conflits violents individuels ou collectifs, d'où également, en des périodes où, pour diverses raisons, la loi (symbolique, réelle, imaginaire) est mise en échec, le risque plus grand de « dissociation » (au sens psychopathologique) des sujets qui perdent la promesse libératoire du non-dit par une délégation usurpée de pouvoirs. Le clivage psychotique nous interroge brutalement sur le seuil où le non-dit cesse d'être opératoire et libératoire par rapport à la réalité extérieure pour devenir encore plus terroriste que cette réalité. Quand on ajoute un grain de sable à un grain de sable, à un grain de sable, à partir de quel moment peut-on dire qu'on a un tas de sable? Il ne suffit pas de mettre en place les éléments causalistes pour que ce clivage existe (par exemple « mauvaise » mère, forclusion du nom du père, etc.). L'intensité des traumatismes ou plutôt leur vécu, l'atmosphère, le contexte émotif jouent autant sinon plus que la lignée causaliste. Les éléments extérieurs au sujet jouent un rôle au moins aussi important, non pas dans sa prédisposition, mais dans la décompensation des éléments de la lignée interne (nous entendons par lignée interne les matériaux structurels qui mènent à la construction de la « personnalité », y compris l'organisation des couches successives de défense).

La psychose coexiste plus ou moins avec une partie du non-dit qui peut paraître, vue de l'extérieur (disons : par quelqu'un de non initié), aussi psychotique que l'autre. Mais le sujet sait (et peut vérifier) qu'elle est manipulable, modifiable, adaptable au réel. Il constate alors que, d'une certaine façon, il est omnipotent au moins sur une partie de son monde intérieur. D'où, lorsque cette omnipotence n'est pas suffisante, la tentation de vérifier par la répétition la satisfaction de ce type de besoin (cela est patent dans la recherche de partenaires multiples et d'un certain type, dans la vie sexuelle). Rappelons cependant que, par rapport à l'intensité de l'affect non-dit, tout passage à l'acte dans la réalité sera toujours, d'une manière ou d'une autre, frustrant. Le sujet sait qu'il s'y annihile partiellement, mais cela fait partie également de l'adaptation au réel et finalement à l'obligation d'être.

Cette obligation d'être est antinomique avec l'omnipotence. Elle peut même être désespérée et désespérante.

C'est en réaction contre cela que peut se forger l'identité, subtil dosage entre l'extérieur, l'imaginaire, le non-dit et le symbolique. Le non-dit est l'antichambre de l'imaginaire, mouvant, informe, insaisissable et pourtant construit et élaboré dans l'acmé et la fulgurance. Il est surtout affectif, émotionnel, thymique. On en a trop souvent mésestimé l'importance et la place spécifique dans l'économie psychique.

II

Pratiques

Le non-dit de la drogue

« Objets inanimés, avez-vous donc une âme? » Cette exclamation du poète pose la question clef de l'usage des drogues et de l'expérience intérieure qu'il suscite chez les personnes qui s'y initient.

Quand on aura dit que la « souffrance s'avouant du sujet désintoxiqué est le seul objet valable et vrai de la clinique du toxicomane », on aura bousculé la nature des interrogations qui s'adressaient à la « drogue ». Ce sont là pourtant des questions muettes, des réponses interdites, parce qu'elles mettent en cause l'ordre du monde.

Si on admet que la drogue est la rencontre d'un produit, d'une personnalité et d'un moment socioculturel, il y a un non-dit qui concerne chacun des trois paramètres.

Le consensus social implicite et explicite est que la drogue est un objet mauvais en soi. A la rigueur, l'approche scientifique peut la comparer à une insuline correspondant à un manque biologique, l'approche analytique à un objet transitionnel. Mais il est interdit de s'interroger sur les effets réels du Pharmakon.

Il est interdit de s'interroger sur le vrai caractère initial et initiatique d'une poudre inerte qui vient de l'extérieur, qui n'est pas fantasmatique, qui ne se joue pas dans le symbolique et qui explore le corps et l'esprit allant jusqu'à une transe solitaire incommunicable au commun des mortels.

Ce qui ne peut pas être dit relève de quelque chose qui est inouï : le télescopage de la jouissance et du plaisir ici et maintenant, dans ce que nous avons décrit comme le flash de l'héroïne. Cette poudre inerte modifie l'état subjectif et corporel de l'individu. Cette révélation (qui dans la réalité est plus ou moins dégradée), que le toxicomane possède en propre, lui donne le sentiment vis-à-vis du médecin, du psychiatre, du psychanalyste, d'avoir accès à quelque chose d'initiatique dont l'autre est privé. Le rapport que le toxicomane va élaborer avec son objet renvoie les sujets supposés savoir à un manque, à leur manque.

Ce manque du thérapeute est comme obligé : que pourrait-il faire dans un projet thérapeutique, non seulement du plaisir-jouissance, mais encore du secret et du sacré. Une telle expérience est ineffable et la position du thérapeute est telle qu'il s'oblige à confondre la cause, la fin, l'effet et l'action, amputant pour s'y retrouver un des termes de l'équation : le produit, la personnalité, le moment socioculturel. S'agissant du produit, l'occultation touche ce qu'on pourrait appeler pudiquement ses effets positifs.

En d'autres termes, il est quasi obligatoire de censurer ou de minimiser l'effet et l'action. L'interrogation ne s'aventure pas jusqu'à s'intéresser à l'abolition, même minuscule, d'un sujet, par la restitution d'un autre imaginaire fusionné avec le corporel, le temps d'un voyage, d'une planète comme disent les toxicomanes. Abolition au moyen d'un objet extérieur au psychisme et au corporel, et qui a toutes les apparences d'une poudre inerte.

Cela pose le sujet autrement par rapport au réel ou à la réalité, à l'angoisse de mort, à l'annulation du temps vécu dans la promotion de la répétition. Le piège de cet indicible, le psychanalyste devrait en être conscient, puisqu'il devrait savoir où se situe le leurre, la tromperie de l'énonciation, de l'interprétation. Mais dans les faits, est-il à même de supporter la réalité explosive du plaisir réel et non rationalisé qui devient vérité de l'autre?

Quoi qu'on fasse, la drogue existe, là, dans sa réalité d'objet, chimique ou cultivé, et donnant le plaisir-jouissance. Ce qui ne peut se dire de l'objet, c'est la possibilité hallucinée qu'il offre, au sommet de la transe solitaire, d'annuler les seuls interdits actuels : le refus de naître et le refus de mourir.

A qui est ouverte cette possibilité d'aller aussi loin, sinon à quelqu'un qui est venu à se récuser et à s'abolir en tant que sujet, qui s'imagine qu'il a une dette à payer et qui, en même temps que le plaisir, s'introjecte la dette (et le péché originel) parce que la dette lui semble inexpiable et impayable?

En situant sa dette dans son corps et sa veine, le toxicomane ignore le dit de l'interdit. Son non-dit, comme son désir, il l'a dans la veine. A un instant, il a de la veine. C'est là le non-dit.

Le sujet qui ose cela a une histoire. Elle seule l'autorise à tenter, avec cet objet venu de l'extérieur, d'abolir le sujet, c'est-à-dire à le faire naître à la question du sujet en tant qu'aboli.

Cette histoire est celle de la dette, du manque initial, de la béance initiale, qui prennent chez le futur toxicomane la proportion de la démesure. C'est ce que nous avons appelé le stade du miroir brisé. Plus la démesure sera grande et plus le miroir sera brisé, rendant la dette encore plus impayable.

La dette renvoie à l'identité entrevue au moment même de la brisure (ce qui n'existe pas chez le psychotique) à l'idée d'un Paradis perdu. Il ne s'agit pas de déni de l'identité mais de l'identité enjolivée, sublimée et perdue, tout comme le sera plus tard l'objet-drogue et qui impérativement pousse à la recherche, à la reconquête de cette perte.

Le sujet accomplit cette recherche par le système des vérifications d'autodémenti : d'où la démesure dans tous ses passages à l'acte avant la drogue. Car il cherche jusqu'au bout, sans trouver. A ce stade, le non-dit est sa règle quotidienne : il ne peut, ni ne saurait, expliciter le pourquoi de cette démesure. L'économie du passage à l'acte démesuré vient court-circuiter le pourquoi initial d'une telle pratique.

En quelque sorte, la conduite des passages à l'acte est l'autodémenti du déni de soi donné à soi par la brisure du miroir. En tant que tel, le futur toxicomane est, comme l'enfant, un pervers polymorphe obligé d'halluciner en permanence et de façon démesurée le réel. Ceci paraît évident quand on étudie l'enfance de tels sujets.

Quand le sujet rencontre (et parfois recherche passionnément depuis l'enfance) l'objet-drogue, celui-ci vient colmater les morceaux du miroir brisé. Seul, Dieu peut permettre un tel miracle. L'objet vient à la place du Dieu ou des Dieux morts. Autrement dit, l'objet-drogue est sacré, mystère extrahumain. Mais d'autre part et presque immédiatement, il est aussi instance violente de désacralisation et de démystification dès que ces effets cessent, renvoyant le sujet au déni de soi-même et donc au manque.

Ce mouvement de va-et-vient entre le sacré, le secret, l'unité fusionnelle (la « lune de miel » de la drogue) d'une part, et la misérable réalité de la béance d'autre part, est impossible à dire. Comment pourrait-on expliquer, y compris à soi-même, qu'on cherche à se créer en Dieu, c'est-à-dire sans interdits, alors qu'on sait et qu'on vérifie qu'on ne peut pas transgresser les deux seuls vrais interdits : le refus de naître et le refus de mourir. C'est un sentiment et un vécu initiatiques, dont l'autre (le thérapeute) est privé.

A ce stade, le non-dit du toxicomane est peut-être la question qu'il n'ose pas formuler à son thérapeute et que le thérapeute n'ose pas écouter : Pourquoi, vous qui me déniez ma qualité, avez-vous peur d'avaler vous-même ce produit? N'est-ce pas parce que vous avez peur d'un renversement de la question du désir?

Si l'objet est incontestablement l'objet de la jouissance-plaisir et de la reconquête de l'unité, il n'en est pas moins un objet transitionnel jouant un rôle à la place barrée de l'identité. D'où la douleur de toute jouissance liée à la perte d'identité et à son apaisement. D'où également la transformation du désir en besoin. Car l'objet-drogue devient de moins en moins adéquat, et dans un renversement progressif, aggrave la non-identité à travers le culte d'un objet qui vient remplacer le Dieu mort, le Dieu qui n'a jamais existé.

Perdant ses attributs, l'objet-drogue qui vient uniquement de l'extérieur, va céder peu à peu sa place à quelque chose d'intermédiaire à la fois de l'intérieur et de l'extérieur et qui sera l'état de manque. Si l'objet-drogue ne devient qu'un objet du culte et perd peu à peu ses pouvoirs, il ne reste plus qu'à l'édifier effectivement comme un Dieu perdu.

C'est son absence qui sera chargée de prouver son existence. Ce ne sera plus le plaisir qui fournira la preuve, mais la possibilité de faire cesser la douleur qui permettra à cet objet d'exercer encore une fonction : vérifier dans la souffrance même sa non-identité est encore une façon d'exister, une façon de se recréer. Dès lors, faute de mieux, l'état de manque est désiré (ce qui le différencie fondamentalement de la situation de manque chez l'animal) et l'objet ne sert qu'à le matérialiser. C'est l'état de manque qui devient tout, un tout exquisement douloureux.

Alors commence une autre histoire : celle de la souffrance du sujet désintoxiqué. Voilà un sujet qui n'était rien et qui a failli, avec l'objet-drogue, être tout. Puis qui a été tout et rien dans un même état : l'état de dépendance marqué par le manque. Maintenant le manque-drogue s'ajoute à, mais ne colmate plus l'autre manque, la béance fondamentale de la brisure du miroir, la dette, l'angoisse de mort. Le sujet apprend à ne plus vouloir être tout.

Or, comme le dit Georges Bataille : « Ne plus se vouloir tout est tout mettre en cause. » Quand cessent les effets du narcotique, les effets positifs et le manque, cessent les illusions. Désintoxiqué, le sujet apprend ce qu'il est. Et avec quelle démesure : plus il aura été loin, plus dure sera la chute. S'il n'a plus de narcotique, même s'il donne les apparences d'un sujet « guéri », le vide se révèle à lui irrespirable.

Dès lors commence pour lui une expérience singulière : si le corps et le comportement semblent normaux, l'esprit lui se débat dans un monde étrange, où, grâce au jeu des mémoires, l'angoisse et l'extase se composent et luttent avec le besoin de répétition et la répétition du besoin. Ainsi se crée un temps vécu du sujet désintoxiqué qui n'est qu'attente meurtrie, écorchée vive. Le sujet ne trouve sa place nulle part et n'espère que l'apaisement de cette attente-souffrance qu'il se représente comme le seul Nirvana possible.

Le sujet se débat entre le désir de normalité et le sentiment intime, profond, viscéral, que cette normalité n'est pas accessible, que le chemin qui y mène risque de lui faire perdre à tout jamais les bénéfices qu'il a acquis dans les champs de l'imaginaire, du symbolique et du corporel, grâce au produit, seraient-ils payés par le manque de l'état de dépendance.

Cette expérience est par essence de l'ordre de l'indicible, d'abord vis-à-vis du thérapeute, tant le sujet est culpabilisé de ce qu'il vit. Il existe dans la relation du toxicomane à tout autre une parole et un affect interdits. Toute relation devient biaisée par la ruse, parce que, seule de toutes les souffrances, celle-ci est interdite par la morale. Dès lors, seul le passage à l'acte – rechute ou suicide – peut signifier, survivant d'une communication cassée. Le sujet redevient en quelque sorte, faute de dire, un persécuté-persécuteur, en manque de dépendance.

Là devrait s'arrêter le voyage au bout du possible du toxicomane. Mais son non-dit lui fait comprendre que son expérience n'a valeur d'autorité que pour lui-même. Cette guerre psychique va céder la place, de proche en proche, à la culpabilité. Notamment, à la culpabilité de ne pouvoir devenir comme les autres, de savoir qu'au fond il ne guérira pas comme on guérit d'une « vraie maladie ». Le non-dit n'est pas dans la maladie. Malade, il l'est, mais ce qu'il ne peut plus dire, c'est qu'il revient d'un véritable voyage dont on ne connaît pas et dont on ne veut ni ne peut connaître la chaleur, ni le plaisir.

Alors il se ment, tout en étant conscient qu'il se ment. Pour faire son travail, tout thérapeute lui ment comme il se ment. Seule, la fin progressive de ce double mensonge par omission va permettre de fabriquer quelque chose qui tiendra lieu peu à peu de moi orthopédique. Cette relation fait advenir une certaine appréhension du réel, au prix d'une méconnaissance, finalement « acceptée » mais réductrice, de soi, prix à payer pour atténuer la souffrance.

Cette acceptation n'est dans les faits acceptable que parce qu'il y a comme tiers participant le statut social du toxicomane et aussi son statut culturel. Nous entrons dans le domaine complexe de la morale sociale et de l'éthique de vie, dans ce qui devient un projet partiel, valable pour le sujet. Il faut dire avec netteté que l'intrusion de ces facteurs risque fort dans le réel d'être l'intrusion sadique des problèmes à régler du thérapeute par rapport au non-dit de son désir, mais également l'intrusion sadique de certains délégués de la société que l'on peut voir œuvrer dans telle ou telle institution pour toxicomanes.

Le toxicomane trouve son compte dans le statut de toxicomane et en même temps il n'y trouve pas son compte. Un peu comme certains descendants d'esclaves qui souhaitent et redoutent à la fois le dévoilement de leur désir et de leur peur farouche d'être obligés par l'autre de revenir à la servitude et qui passent leur vie à vérifier, en particulier dans le regard de l'Autre, ce qu'il en est de ce désir inavouable et inavoué. Inavouable et inavoué mais tellement lourd à porter que, comme le toxicomane, il leur faut mener une double vie psychique : l'une normale, officielle et reconnue, l'autre secrète et faite d'identités multiples.

Comme le dit Bastide en citant Gide : « Je suis mille possibles en moi : mais je ne puis me résigner à n'en vouloir être qu'un seul. » Ces doubles vies du descendant d'esclave, celle, toutes choses égales, du toxicomane, permettent à un équilibre instable, mais un équilibre tout de même, de s'installer dans le pluralisme des désirs et des blessures.

Le non-dit social naît de la censure de telles identités duelles et multiples, préférant la duplicité à la reconnaissance de domaines psychiques contradictoires qui mettraient en danger les fondements de l'ordre économique et familial. Le toxicomane participe lui-même à la fabrication du non-dit protecteur d'un ordre social qu'il respecte et désire en même temps qu'il ne peut le supporter.

Dans ce tissu de contradictions, tout se mêle : l'ordre et le désordre, le désir et le non-désir, la loi et la transgression, le souvenir enjolivé, la terreur du présent et un futur amputé, la fin de la recherche de l'unité identificatoire et la nostalgie d'une image d'un Narcisse se découvrant dans un miroir perdu. S'en sortir, au terme de mille aventures psychiques et sociales, c'est ne laisser de place que pour la répétition de la banalité, sans cohabitation – au risque de rechute et de mort – avec le passé.

De tout cela resteront une amertume, une nostalgie et un immense non-dit. Un non-dit qui ressemble d'une certaine manière au non-dit des déportés des camps nazis : comme si l'expérience était intransmissible.

C'est au moment du renoncement que, paradoxalement, la brisure entre lui et lui-même devient ainsi une brisure avec les autres.

Et quand bien même le non-dit serait formulé, il ne cesserait pas pour autant d'être indécent et illégitime : la liberté sera verbale et réductrice; elle ne peut pas déboucher sur une pratique. Le renoncement entraîne une rupture de la communauté de destin avec les autres toxicomanes et, quoi que le sujet puisse en dire, il le vivra comme une trahison et comme une perte. La toxicomanie ne crée pas un rituel individuel. Elle s'inscrit dans un ensemble de représentations collectives.

C'est aussi cela que l'on abandonne lorsqu'on quitte le destin du toxicomane. Or, le sujet a et aura la nostalgie des communications troubles, de ces temps forts où il était à la fois pénétrant et pénétré, lascif et asexué, violent envers lui-même et les autres.

Les autres, menteurs et tricheurs sans vergogne, mais ses frères dans l'incommunicable. Dans l'ambiguïté du désir et de la misère extrême quand ils se retrouvent n'être que ce que G. Bataille appelle « un miroir de la mort ». C'est en regardant les autres frères et sœurs que le sujet vient saisir dans le même temps ce qui va cesser d'être et ce qui ne cesse pas de ne pas être, pour ne pas vivre seulement en manque du manque.

Comme pour le sacré, l'expérience elle-même fait ici autorité. A qui pourrait-on la dire, qui ne soit pas initié et qui sente que cela ne relève pas de l'intelligence, et partant, de la seule clinique, que cela tient d'abord de l'expérience intérieure.

Cette expérience part de la brisure du miroir, se prolonge avec la fusion de l'objet et du sujet, le duo de l'état de dépendance et l'inconnue du pourquoi de la douleur inouïe et exquise du sujet désintoxiqué. Elle atteint presque une extrémité du possible et aboutit à un éclatement des domaines du savoir, du sentiment et de la morale. Un peu comme le candomblé constitue un monde, lié sans doute à l'ensemble de la communauté brésilienne, mais sans perdre pour autant ses caractères propres, sa vie spirituelle autonome. La communauté des toxicomanes a en commun cet aspect initial et initiatique et cette expérience qui, d'elle-même, fait l'autorité.

Il n'est donc pas mystérieux que la rencontre d'une situation frustrante (celle des anciens esclaves) ou pathologique (celle du destin individuel du toxicomane) et d'un système initiatique qui permet l'évasion par une transe à la fois individuelle et collective, aboutisse à la construction de mythes. Ici, le mythe, très dégradé, n'aboutit pas à une explication ni à une cosmogonie, mais bel et bien à une rencontre du sacré et du secret avec le plaisir.

En fin de compte, le non-dit dans la toxicomanie se fonde sur le duo, discours inaudible/écoute impossible, tant il y a de secrets lourds à porter et de vérités qui mettent l'autre en cause dans les racines du désir et dans l'acceptation du consensus social.

Aussi ne faut-il pas s'étonner que, d'une part, la société et ses représentants choisissent une relative surdité et que, d'autre part, un certain nombre de toxicomanes renoncent, choisissent de mourir, s'abîment dans un désert solitaire ou la plus infâme des clochardisations, ou encore troquent leur dépendance contre une autre en devenant les adeptes de personnages charismatiques qui manient à souhait le sadomasochisme et leur proposent une pseudo-identification.

Pointer le non-dit dans la question de la drogue, c'est se refuser à entrer dans le domaine de la théorie et œuvrer à partir et dans une situation subjective, en créant des effets de vérité, outils qui ne servent qu'une fois et qu'on jette tout de suite, comme les jouets et les seringues en plastique.

La fonction du thérapeute dans son travail devient aussi loin que possible le déni de soi donné à soi-même pour que le toxicomane accepte pour lui, aussi loin que possible, le déni de soi donné à soi-même.

A ce compte-là, rien n'est joué et se détruisant ainsi, le toxicomane se détruit dans l'infinie possibilité des hommes, ses semblables.

Le non-dit de la sexualité

Passé le bref plaisir du désir, du regard désirant sur le corps imaginé, surviennent très vite une lassitude, et souvent un besoin d'oublier. L'Acte devient vite une matière morte, un moment de soi.

Pourquoi, dès lors, surgit l'inéluctable recommencement, ce besoin impérieux, naïf à nouveau, d'un commencement ?

Le désir masque la vraie raison de l'imaginaire : annuler le manque, invalider la mort. La « petite mort » permet de vérifier qu'on a échappé à la grande.

L'extrême du plaisir signifie en même temps la précarité inouïe de l'espèce. Même si l'espèce a pu créer ce trésor fabuleux, mais ô combien douloureux, qu'est l'imaginaire, la seule chose essentielle à l'homme est l'état de manque qui le laisse nu face à la mort, dont chacun sait qu'elle est inscrite, inéluctable.

Or, à l'écart du chemin qui conduit à l'inéluctable, le sexe offre une plage d'extra-territorialité. « Ô temps suspends ton vol. » Le plaisir est écart, suspension à l'acmé de la scansion.

Le problème se fait jour quand cela n'est pas réussi, avant, pendant, après, de la petite peur à la grande, quand de la pulsion on passe au raisonnement, à la mise en scène, à la déréliction, bref, quand s'introduit l'histoire du sujet dans l'acte ou le non-acte.

Le non-dit resurgit quand l'acte fou de l'imaginaire devient l'acte ridicule de la réalité, lorsque la logique reprend ses droits et que l'angoisse dans le manque se trouve dénudée à nouveau.

Car il n'y a pas pire (ni meilleure) illusion que d'investir le corps du pouvoir du magicien. Seul, l'hallucinogène ou le narcotique peut, par fulgurants instants, faire vivre le corps au rythme non déçu de l'imaginaire.

Ailleurs, il faudra fracturer, à coups de souvenirs d'enfance, oubliés ou non, embellis ou enlaidis à travers les méandres de la névrose personnelle et historisée. On se rendra sans doute compte un jour du drame supplémentaire qu'a été d'offrir aux plus pauvres en imaginaire le « cinéma X », dit cinéma cochon, lequel, offrant en toute liberté apparente un non-dit, supposé total, interdit le non-dit au pauvre hère.

Point n'est besoin d'être passéiste pour solliciter le mystère et comprendre la passion, remparts à leur tour. Et que dire des religions où tout est amour, mais avec un tel inéluctable sadomasochisme (et vivent donc la flagellation et le chemin de pénitence) qu'elles servent d'entonnoir à sens unique aux désirs inavoués des hommes pour peu qu'ils ne soient pas en guerre ou en croisade, au nom de Dieu où tout est permis?

Est-ce dire que le sexe n'est amoureux qu'en utopie comme la rencontre du plaisir et de la jouissance? Ce serait tout de même fort de café. De fait, comme la névrose est compromise, le sexe est compromis. L'acte empêche heureusement d'entendre et s'autorise ce plaisir. Mais qui osera dire de lui qu'il est total, qu'il est la mélodie entière qu'on aurait désirée?

L'acte sexuel distingue ce qui est satisfait et ce qui ne l'est pas, mais l'acte est tout autant vérification de l'impossible, donc de la frustration. Encore faut-il distinguer entre l'acte solitaire qui approche au plus d'un désir de plénitude, au prix – paradoxal – de la solitude, et le passage à deux ou à plusieurs qui approche et éloigne en même temps la possibilité d'être complet, rempli, satisfait, comblé, impossibilité admirablement montrée par Pasolini dans *Salo* qui aurait pu s'intituler « De l'impossibilité de jouir quel que soit le prix à payer ».

La parole est vaine qui éteint l'émoi ou au mieux le poétise, donc lui enlève sa part de bestialité, ôte la beauté de la pulsion primitive ou le télescopé de l'élaboration perverse.

La parole explique l'écart, la censure le vit. La censure est douleur, piège et charme. Elle s'autorise la totalité et la rend inaccessible.

Malgré l'alibi du désir du plaisir de l'autre, le non-dit de toute sexualité a dans son registre la dépossession de l'autre en tant que sujet. L'autre est écho, miroir animé (de bonnes intentions?). Lui donner du plaisir, c'est passer un compromis, mais plus encore vérifier contre l'angoisse sa propre puissance, sa propre existence. Donner à l'autre du plaisir a plus d'importance par rapport à soi que par rapport à lui. Le plaisir de l'autre est du même ordre que la séduction de Dom Juan ou de Bovary.

La démarche sexuelle, c'est donc éviter (par le plus extrême du plaisir) la mort comme seul réel (d'où le jeu de la reproduction) et inviter à se manifester l'égoïsme royal de la solitude.

Contrairement à d'autres démarches humaines, la

démarche sexuelle n'est pas une question d'identité. Elle est désir du temps suspendu. L'exigence apparaît comme totalitaire alors que la pratique en est le plus souvent ridicule. Le désir demande tout, la réponse est animale, insecto-mimétique. Le hiatus entre l'exigence totalitaire et la réalisation ridicule, entre la demande cosmique et la réponse animale, s'inscrit dans la mémoire du sujet et le mène à l'élaboration du fantasme et de sa mise en scène, y compris jusqu'à sa dimension d'amour.

Ce que nous tentons de cerner, le lecteur l'aura compris, c'est ce qui sépare le désir de l'acte, plus exactement comment s'élabore le non-dit de l'écart inéluctable qui est là. D'une autre manière, il ne s'agit pas d'étudier la fonction de la sexualité, mais bien exactement la fonction et le fonctionnement de son non-dit. Non-dit qui a fonction implicite de s'arranger avec la frustration et la déception et partant, de préparer le terrain à une répétition qui ne soit pas une répétition.

L'autorité du non-dit naîtra de sa capacité à être une transgression réussie et à faire vivre au sujet des facilités que son expérience dément par ailleurs. Le non-dit permet l'intelligibilité de l'événement, panse la douleur du hiatus et prépare un avènement toujours renouvelé, qui n'existerait peut-être pas sans lui, et peut-être entretient l'illusion de l'accord parfait.

Mais il a tout autant besoin de l'acte que l'acte a besoin de lui. L'acte est consommation, le non-dit connote le réel, en tant qu'à demi, au quart ou au tiers gagné... pour la prochaine fois. Le non-dit, à la différence de l'acte, est toujours substantialisable. Il crée l'atmosphère de désir ou d'angoisse, de remords ou de justification. Il analyse, autorise ou interdit.

Si par hasard, quoique désiré, l'acte n'advient pas, c'est au non-dit qu'il revient d'assumer l'autopunition ou de recharger ce désir. Il ne s'agit pas d'un objet fétiche, mais d'une élaboration entre deux eaux, à la limite du refoulé et de l'inavouable, sans rien d'autre de magique que l'atmosphère tonale, affective, non aseptisée, et qui compte tout autant que le contenu élaboré. Le non-dit permet d'être à la fois ici et ailleurs, ailleurs qu'à l'endroit où se joue la scène pour autoriser l'insistance répétitive d'une revendication sans laquelle le sujet serait irrémédiablement confronté à la mort.

Le non-dit, même s'il ne comble pas ce qui manque à son maître (et il ne le pourra jamais), reconstitue une histoire, une fable, un conte de fées ou une table de la loi qui permet d'occuper la place du manque (fût-ce dans une souffrance inouïe) et d'empêcher le sujet de souffrir du manque de manque.

Bien plus, il s'organise dans le manque, autour du manque et par le manque. Manque de la jouissance totale telle qu'elle fut imaginée, rencontre censurée avec la mort ou avec ce à quoi renvoie la jouissance impossible, inassouvie. Impossible dans l'acte, le non-dit paye la dette que le sujet a vis-à-vis de soi-même.

Car le non-dit, comme l'acte, a son temps et son espace. Bien qu'il débute quelque part vers l'original impossible et qu'il soit fondamentalement inscrit dans l'histoire du sujet, pour être opérationnel, il faut qu'il soit « ici et maintenant » flux assumé, revendiqué, recherché, obstacle à la mort en tant que source suprême du plaisir.

C'est d'un temps de travail, à la fois de déni, de vérification d'inventaire (comme le dit F. Perrier) et d'élaboration d'un futur qu'il s'agit, à partir d'une perte subie, et qu'obligatoirement il va falloir compenser.

Dans l'acte, il y a appauvrissement du moi imaginé : le superman du plaisir total, le phallus imaginaire, le phallus superman sont appauvris. Le sujet risque fort d'en payer le prix mélancolique et ce, d'autant plus qu'il ne peut s'en ouvrir à personne. S'il peut le faire, ce sera sous un regard moral (la confession) ou « objectif » (chez le médecin, le psychiatre, le psychanalyste). Le non-dit intervient là pour essayer à nouveau d'atteindre l'objet ou pour trouver les arguments qui autorisent à essayer de l'atteindre une nouvelle fois, autour et au-delà du rut biologique. Ce qui partiellement revient à faire assumer par un autre la cause de l'échec, mais revient également à contrario à réintroduire l'érotisation, là où elle a été malmenée par la rencontre de l'acte et de l'autre, pour que l'autre puisse redevenir le prisonnier de cette érotisation et faire passer le message qu'il autorise tout à nouveau, et que cela va réussir.

Réussites peut-être d'une pénétration, entourée de bons ou de mauvais traitements, précédée de hors-d'œuvre. Réussites qui ne sont jamais que tentatives de plus en plus vaines pour atteindre une totalité dernière et inatteignable puisqu'elle est dans le manque et la mort, le manque qui s'efface devant la mort.

Comme dans la drogue, l'épuisement de la fécondité du désir oblige à aller toujours plus loin et plus haut, ce qui dans le fantasme ou dans le non-dit ne pose pas de problèmes, mais dans la réalité, peut mener aux camps de concentration ou à un « Salo » vécu. Comme le dit P. Klossowski, cité par F. Perrier, « la destruction de l'objet est inséparable de l'émotion perverse ». Car le non-dit ne se nourrit qu'épisodiquement d'angélisme. Il est bien plus près du cannibalisme hermaphrodite dans son invention répétée et renouvelée que des parentés électives et sublimées.

Le rapport du non-dit à la jouissance est celui d'une totale liberté pour y parvenir et d'une terrible sanction autopunitive, s'il y a fiasco en l'acte.

Ainsi défini, le non-dit ne serait que la citadelle d'un noyau pervers plus ou moins important. Si cela est exact en ce qui concerne le rapport de ce que le public appelle « pervers » avec la norme dominante, on ne peut réduire l'éclectisme du non-dit à la structure perverse. Sa seule fonction n'est pas d'aiguiser le désir, ni même de sublimer après coup la déception. Elle est également de construire un sosie polymorphe érogène de l'homme ou de la femme, obligés eux à des compromis auxquels le non-dit n'est pas tenu. S'il prend en charge le corps, il n'est pas du corps. Mais il n'est pas non plus comme le fantasme tout à fait en dehors du corps. Par rapport à la perversion, il est tout à la fois acceptation et compromis : il relativise le défi que le pervers se donne à lui-même, au nom de son plaisir inconnu. Pour ce faire, le non-dit a d'autres registres que celui de la pulsion et du fantasme. Il a, par exemple, le pouvoir de création, le pouvoir de la poésie, de l'ascèse, du conte de fées et même de la morale. Il a surtout, par rapport à la pulsion et au fantasme, un côté volontariste en action, un sens, une direction et une élaboration qui en font un élément culturalisé de l'identité de l'individu et ne le réduisent pas à un mécanisme de sublimation plus ou moins conscient.

A l'inverse, il est tout autant, faut-il le rappeler, en rapport avec l'émotion, agréable ou pas, et l'intégration sans limites de ce qui est « hors la parole et hors le sens ». Il est recours de la liberté de l'homme, entre son désir et sa mort, le même mais pas identique! Le non-dit renvoie à soi-même pour obliger toujours à la modification et au dépassement. Contrairement au fantasme, il ne peut être de répétition identique puisqu'il a, chaque fois, à se confronter avec l'incomplétude de la jouissance de l'Acte. Contrairement à la perversion, il incarne comme résultante une certaine fécondité de l'Acte qu'il enrichit constamment du fruit de l'expérience et du fruit d'autres fantasmes stockés en mémoire et volontairement mobilisés. Le vrai non-dit est tout autant viol qu'intuition, deuil et « célébration d'une jouissance inconnue ou perdue » (F. Perrier), sur le mode sélectif, selon la vérité du moment, donc toujours plus ou moins volontariste.

La démarche du non-dit ne se réfère à aucun autre modèle. Il n'est pas qu'expression de la pulsion, mais il est aussi cela; il n'est pas qu'expression du fantasme mais il est aussi cela, comme il est discours silencieux et organisé, libre et censuré, moral et immoral, autocritique et en rapport avec l'objet et surtout, partant de l'acte pour revenir à l'acte. Il n'a pas de statut dans l'économie du sujet, pas plus que dans sa structure. Il relève d'un événement culturel construit comme un échafaudage qui différencie l'homme de l'animal en lui ouvrant la porte du volontarisme émotionnel et affectif, au-delà du principe du désir, tout en passant par lui.

On peut comparer un peu le non-dit à l'opinion. L'opinion est ce qui dans le sens échappe au sens. Elle est irréductible à une objectivation comme l'est le non-dit, même s'il proclame au sujet, son maître, le contraire. Il y a réciprocité imaginaire entre le maître et son non-dit, à la fois pour l'émergence d'Éros et la consolation de la déception inéluctable. De même, il y a totale autorisation sadomasochiste entre le maître et son non-dit, lieu clos où tout est permis, de la sublimation au passage à l'acte, du principe organisateur de l'acte à l'analyse de l'insuffisance-jouissance.

Le non-dit, bien plus que le dit, est organisateur du champ sexuel. Il ne se dérobe à aucune combinaison possible, sauf à s'exprimer à l'Autre, auquel cas il devient un dit objectivant et donc réducteur, audible à travers le désir de l'autre, et donc désérotisé pour le maître. Le maître sélectionne dans son non-dit ce qui sera vérité accessible à l'autre et ce qui devra impérieusement être tu ou révélé progressivement, à l'occasion d'une possible transgression des interdits. Il y a donc du dialogue, ne serait-ce que sous couvert d'une subtile stratégie pour transformer le désir de l'autre en désir à soi, dans la révélation de l'entr'aperçu pervers de tout un chacun. Joies, angoisses des tâtonnements d'une approche hasardée et hasardeuse du plus réel de chaque homme, qui peut mener jusqu'à la mort ou à la plus totale des abjections. Joie redoutable et torturante de ne pas pouvoir tout dire à l'autre du chemin demandé, exigé jusqu'à l'extrême et qui, pourtant, ne mènera jamais à l'extrême de la jouissance attendue et finira en assassinat d'Éros, inéluctable. En tous les cas, passe obligatoirement par une dénarcissisation douloureuse.

Il faudrait encore ajouter tous les démêlés du non-dit à propos de Narcisse ou de l'image idéale du moi avec la morale sociale et les questions de l'éthique, tant est importante pour tout un chacun la question surmoïque et de l'image de soi donnée à soi, tant il y a concurrence entre les enjeux libidinaux, surmoïques et sociaux. L'obligation ultime étant que le non-dit fonctionne comme une machine à désaliéner, donc à produire de la liberté, à se réinventer à chaque occasion nouvelle, fût-ce dans la répétition du besoin.

Comment peut-on à la fois produire de la liberté et participer d'une répression? Nous l'avons dit ailleurs, s'il participe de l'imaginaire et du fantasme, voire de la pulsion, le non-dit est d'abord construction volontariste et culturelle.

Hier, ses références pouvaient être Moloch et Sade, même si aujourd'hui, en apparence, elles sont Freud ou Skinner; culture ne signifiant pas loi, organisation, rigide ou structurée, mais bien plus atmosphère, affectivité, émotion, chaleur, télescopage, déroulement flottant! Le non-dit est vierge et acquis, libre de droit et de fait envers les lois, règles, us et coutumes, mais les intégrant juste ce qu'il faut pour situer la transgression dans les possibles de l'homme.

C'est peut-être dans le rapport entre drogue, sexe et non-dit qu'on voit le mieux se développer ce que peuvent être le contenu et la forme télescopée du déroulement du non-dit, onirique mais dirigé, transgressif mais rarissimement communiqué à autrui – nous y reviendrons. Bornons-nous à signaler que si cela est possible, c'est parce que la drogue, objet inerte qui produit de l'imaginaire, a aussi pour fonction d'anesthésier la culpabilité dans le « high » pour l'accentuer avec une tonalité mélancolique dans le « down ». Les deux tonalités renvoyant au biface culturalisé du désir de l'homme et rendant possible en solitaire, sans partenaire, le jeu douloureusement exquis du sadomasochisme, marqué dans ce cas d'interdits physiques, mais de bien peu d'interdits psychiques. A la recherche incessante du dévoilement préultime qui est celui de l'impuissance, de la jouissance impossible, quels que soient les mirages du désir. A contrario, avec la mise en scène la plus osée, la plus libérée qui est non avènement de ce préultime avatar qui est quelque part le non-dit du non-dit.

L'œuvre de Pasolini touche aux thèmes les plus marqués du non-dit dans la dimension angélique du désir *(Théorème)*, dans la possession souriante d'esclaves hétéro- ou homosexuelles *(Les Mille et Une Nuits)*, dans le désir carnivore et bestial *(Porcherie)* et dans l'approche au plus près, par la totale liberté et le total mépris fasciste de l'autre, de l'impossible jouir, même quand tout est permis, quand on se permet tout et que l'autre, mort ou vif, n'est qu'objet du désir.

Les œuvres de Pasolini dévoilent à l'extrême les thèmes du non-dit, ni plus ni moins cependant qu'une troupe d'occupation faite d'honnêtes citoyens et lâchée en toute liberté sur une population innocente, ou que le rapport troublement érotique et mortel du bel SS et de son objet, déchet concentrationnaire, tel que le décrit *Portier de Nuit.* Ni plus ni moins que le contenu de certains « voyages » sous hallucinogènes, lorsqu'on sait les entendre non censurés, ou de certains passages à l'acte sous amphétamines. Bref, le non-dit de l'homme quelconque peut atteindre pour lui des extrêmes qu'il n'oserait pas s'avouer à lui-même.

Dans le recours au tiers individuel ou institutionnel, le non-dit est obligatoirement censuré. Il s'accommode des possibles du passage à l'acte pour oser devenir un dit partiel, jamais pleinement libérateur. Il est au niveau conscient et ne peut pas être assimilé à l'assomption du désir inconscient ou refoulé. Il postule un prétravail d'émergence et aussi de déminage surmoïque. En fait, il est déjà compromis parce qu'il est mis en scène et non symptomatique. Il doit sacrifier la partie du désir du maître à sa réalisation consciente sans qu'il puisse être assimilé à un symptôme ou à un savoir. Même avec ses références transculturelles, le non-dit est individuel et inaliénable. Il est le sujet et il est le manque à être du sujet, et il est encore contradictoirement l'alibi narcissique du sujet et son interdit passionnel, le possible-impossible et l'impossible-possible.

Cependant, même si les thèmes sont répétitifs, même si on retrouve dans la mise en scène toujours la même griffe, on ne peut pas définir un non-dit systémique. Il flotte en fonction de l'événement, de l'émotion, de l'atmosphère autant qu'avec le désir, véritables « glissements progressifs » autour du plaisir, mais aussi autour de la vie du sujet, ses erreurs, ses manques, son destin mis en scène kaléidoscopiquement et télescopés dans des raccourcis stupéfiants, des ralentis grossissants, des déformations utilitaires.

En cela, le non-dit est strictement personnel, voire initiatique, dans la perversité surtout. Il implique duplicité et secret envers les autres tout autant que franchise vis-à-vis de soi. S'il y a place pour la culpabilité et les bons sentiments, il y a surtout place pour un raisonnement qui visera à les dépasser, à rassurer le sujet et à définir les modalités de l'impuni. Le non-dit flagelle quand il le faut, rassuré par ailleurs, récompensé tout autant, animé, mimé et préparé. Il croit en Dieu et le dénie, est superstitieux et conjure la superstition par mille et un procédés.

Dans le rapport à l'autre, il y a bien sûr la séduction, la domination ou/et la soumission. Mais l'autre n'est pas passif. A partir de ses réactions, de ce qui est fantasmé, de sa beauté alléguée, de ses faits et gestes, se créent des courants principaux et latéraux du non-dit du sujet qui échappent plus ou moins au volontarisme : à certains instants, il ne dépend pas de la volonté du sujet que naisse le fantasme de vouloir se mettre à la place de l'autre, d'inverser les rôles, de se vouloir l'autre (quel que soit le mode de relation!) ou parfois d'être à l'abri de l'autre. Ce secret-là est encore moins divulgable en raison du risque de démenti que pourrait donner l'autre au sujet, ne serait-ce que par sa fuite toujours possible.

Dans le non-dit, la notion de fuite est importante. Elle le justifie et l'excuse de tout ramener au désir du sujet (y compris en actes ou non-actes l'abstinence). Elle autorise le romantisme et le remords comme la plus sadique des punitions, la toute-puissance et les retrouvailles mythiques, avec en prime, la subite adoration béate et béante de l'Objet qui a fui. Elle autorise les plus profondes tortures morales que le sujet s'inflige à lui-même et les dénouements en happy-end, teintés de couleurs chromo sur fond de musiques sirupeuses. On mourrait de honte à avouer un seul instant à autrui que l'on puisse verser des larmes de bonheur douloureux à l'audition de telles bêtises!

Il n'est pas étonnant de retrouver ce non-dit dans les expressions sublimées collectives, comme l'art, les religions, les superstitions, ultimes instances pour vérifier que l'on n'est pas seul, ni délirant, et pour oser demander du soutien, à autrui et aux institutions, sous forme de récompense ou de punition. En retour, il n'est pas étonnant de retrouver ces thèmes manipulés et pervertis par des institutions officielles ou occultés par des personnages charismatiques qui associent ainsi un pouvoir de nature à satisfaire leur propre non-dit. Toute divinisation suppose que soit cultivé narcissiquement le non-dit d'un Maître et engendre la circulation d'une part du non-dit de chacun, assumé dès lors par la collectivité des êtres qui s'y reconnaissent. Nous avons indiqué dans un autre ouvrage, et dans celui-ci, comment se négociait, de façon à être supportable, la condition d'esclave ou de descendant d'esclaves dans les cultes de l'Umbanda ou du Candomble brésilien et notamment, comment la possession devient à la fois thème et passage à l'acte du désir et de la peur d'être à nouveau « esclave ». Dans de telles cérémonies, il y a toujours une lecture sexuelle du non-dit, plus ou moins facile à déchiffrer. On y retrouve la dialectique du Maître et de l'Esclave, du possédant et du possédé et, masqué par les mythes de réincarnation, le processus qui mène au métissage (et dans le non-dit, le désir de la couleur de l'autre vécu comme supérieur, le désir de l'esclave jeune et noir pour le maître blanc et âgé; reviviscences des grandes plantations, des mœurs des maîtres des moulins. On en trouvera un autre exemple dans la description quasi entomologiste d'une plantation du sud des U.S.A. dans le livre *Mandingo* où l'auteur expose quasi innocemment les propres pulsions de son non-dit autour toujours du thème de l'esclavage et du possédant-possédé (de celui qui a tous les pouvoirs sexuels sur autrui).

On peut assimiler ce passage de l'individuel au collectif, comme la tentative d'une transgression à réussir là où le non-dit est limité dans l'imaginaire et le culturalisme plus ou moins volontarisé. Le collectif alimente en feed-back chaque non-dit individuel où se trouvent « son désir et son deuil » (F. Perrier) et permet d'une certaine façon aux ambitions personnelles de s'exprimer à travers le masque de la ritualisation, de la hiérarchisation et d'une imagerie plus ou moins niaise, quand on n'en possède pas les clefs.

En outre, ce transfert au collectif d'une partie de la charge, trop lourde à porter seul, permet de sublimer la part obsessionnelle du non-dit, du besoin de répétition ou de répétition du besoin. Cette projection du mécanisme obsessionnel dans une institution permet d'éliminer la part de monstruosité trop gênante et de se rassurer dans un processus d'identité : « Même moi, je ne suis pas seul », pourra dire le sadomasochiste « cuir » en entrant dans son club préféré. Les institutions (l'Église notamment avec l'enfer et le paradis) apparaissent comme organisations de défense contre l'insidieuse question d'un passage à l'acte trop dangereux. En général, elles le font payer cher en retour, notamment par le truchement des techniques du conditionnement, y compris le conditionnement psychosomatique dont on commence à peine, grâce à la psychanalyse, à entr'apercevoir l'immense domaine. Seuls, les stupéfiants qui déclenchent d'une façon expérimentalement vérifiable des modifications kinétiques, calorimétriques, en même temps que des expressions de jouissance quasiment au niveau cellulaire, et en même temps une riche imagerie décensurisée, donnent aujourd'hui un entr'aperçu des données du problème.

Ainsi apparaît la vraie demande du non-dit : l'accès du sujet dans sa totalité – physique, psychique, macroscopique, microscopique – à la possession de ce qu'il demande, sans subir d'aucune façon quelque frustration aliénante que ce soit. Contradictoirement, l'homme culturalisé et social utilise toutes ses ressources pour dériver, en raison justement de la frustration inéluctable, une partie pourtant secrète de son être, et faire en sorte que ce soit autrui qui l'interdise ou le rejette.

Monstrueux et demandeur d'amour, le sujet en son non-dit accepte d'actualiser l'inconscient de son désir, de tout son désir, et dans le même temps ne veut pas abdiquer une certaine surdité narcissique et sociale. Il y a affrontement entre les mots crus qu'il écoute et qu'il voudrait prononcer et les interdits qui le traquent. Le non-dit assume cela pour permettre à son maître d'impunément prolonger le culte de son fantasme secret. Impunité, narcissisme et secret sont ainsi les trois paramètres indispensables à la vie sexuelle de tout être. De la distance entre ces trois paramètres et de ce qui, dans la réalité, existe au moment du passage à l'acte, dépend le plus ou moins grand bien-être du sujet. Bien plus que de ce qui se joue du côté d'Œdipe et de la castration dans le refoulé, plus ou moins assumé suivant l'époque historique, suivant que le bien ou le mal-être individuel est ou non un luxe dans le *Malaise de la civilisation.*

Le non-dit dont il est question ici est celui de l'homme quelconque (je ne dis pas « normal ») en sa sexualité dans le quotidien, en dehors de toutes circonstances extraordinaires et en général, sans que les transgressions fantasmées, désirées et désirantes, soient menées ou susceptibles d'être menées à terme, ni qu'elles deviennent les symptômes invalidants d'une pathologie signifiante.

L'homme quelconque connaît la souffrance et le mythe. Bien plus que l'Œdipe freudien, banalisé par une psychanalyse de cuisine, les mythes de l'homme quelconque ont aujourd'hui à voir avec les références culturelles de son temps, et d'abord, et avant tout, le cinéma et la télévision : la toute-puissance sexuelle sublimée d'un Rambo, d'un Superman. Le côté angélique et rédempteur d'une part, le sadomasochisme et la violence de l'autre. Les totems et tabous relèvent moins du mythe du meurtre du père primitif et de la horde sauvage que du respect réservé à l'enfance angélique et angélisante, dernier avatar de la pureté introuvable dans un monde consumérisé. Le dernier cri du totem est la beauté de la jeunesse devenue une valeur en soi. Même se faire l'amour à soi est dévalorisé depuis qu'avec sa seringue, le toxicomane est passé à l'acte, et remplacé par un clip androgyne des derniers groupes à la mode. A la banalisation et à la commercialisation de la mythologie de l'homme quelconque, répond en écho sa solitude effroyable, tous remparts enlevés, devant la question de sa mort.

Le non-dit de la sexualité ne peut pas échapper à ce redoutable face-à-face. Il ne s'agit pas d'une méditation sur la Mort, mais paradoxalement, de la banalisation de la Mort à travers les images télévisées ou cinématographiques, sa réduction par la médecine moderne à un inéluctable physiologico-clinique. L'homme quelconque est nu, apeuré et terrorisé. Dès lors, le non-dit s'encombre du désir de carnivoriser l'autre pour s'approprier sa jeunesse et retarder l'échéance. Toute défaillance de la puissance est interprétée, et avec quelle angoisse, comme un pas de plus vers l'échéance fatale. Ses manœuvres de diversion consistent à annuler par le pouvoir magique du non-dit la marche du temps et à halluciner un retour plus ou moins onirique à l'enfance. Entre ce sujet et son non-dit, il y a alliance secrète, volontariste et paradoxale pour affronter l'idée de mort et annuler l'angoisse paralysante et terrifiante de la mort, fût-ce par la mort imaginée ou symbolique d'autrui (cf. *Salo*).

L'œuvre du non-dit est « ici et maintenant » par rapport au désir qui s'exprime et qui vise un passage à l'acte possible ou impossible, souhaité ou terriblement appréhendé. C'est un événement de l'instant, mais qui se prépare en permanence et se poursuit longtemps après pour devenir le vécu halluciné du sujet, sa vérité intime et secrète, la seule qui ne puisse être censurée. On saisit dès lors que, contrairement au refoulé de l'inconscient, la mort y est à la fois toujours présente et toujours absente. L'atmosphère du non-dit, aussi importante que son contenu, peut être à la fois angoissée à l'extrême et suffisamment soulageante pour permettre la survie. Toutefois, cette atmosphère peut être suffisamment mélancolique pour mener au suicide, alors que rien dans la réalité « objective » du sujet n'y pousse, en tous les cas pas plus à cet instant qu'à un autre. C'est que le non-dit est ici et maintenant, mais exprime le flash d'une vérité indicible que cerne l'aboutissement de toute l'histoire du sujet. Ce que, à propos de la sexualité, la psychanalyse, et elle seule, nous a appris (sauf à être sourd) à découvrir comme étant souvent la politique du pire de nos structures psychologiques, de nos névroses ou même de nos psychoses. Quand cesse la rêverie narcissique, conte de fées (et transculturelle), il est proprement insupportable de découvrir, comme devant le miroir, au-delà des symptômes et des fantasmes, le problème de son être et de son identité. La place devient libre devant la pulsion de mort, sauf à se protéger par le non-dit dont la force imaginatoire fait rêver et espérer le sujet à nouveau en un futur de plaisir sexué totalitaire et totalisant, redevenant ainsi, au moins pour un temps, le vrai à l'état naissant et servant de machine répétitive pour le meurtre du réel.

Seul, ce meurtre permanent du réel autorise à croire, au-delà de l'inéluctabilité de la mort, à une réinvention répétitive de la vie et du désir. Et ce, d'autant plus que le non-dit s'exprime en une langue qui exclut toute protection, donne libre cours à la verdeur, à la crudité, aux rapprochements les plus libidineux, aux associations interdites, aux transgressions vécues comme intangibles. Le non-dit ne se soucie pas des effets pervers de ses propres constructions qu'il peut éliminer, au profit de son maître, par une tout autre construction, à l'inverse même de la précédente, ou apprivoiser pour les mettre à son service. La mise à l'abri des nuisances (éthiques, morales, perverses, névrotiques) est faite pour que le corps puisse vivre en son désir, au plus près de l'acmé désirée et que le sujet puisse ne pas mourir.

La mise à jour des agressivités inconscientes, le dévoilement des motivations scabreuses participent évidemment du travail et de la fonction du non-dit. Mais répétons-le, son plus grand pouvoir est le pouvoir de sélection. Il n'est pas symptôme, il est travail actif et, en tant que tel, il dégèle les inhibitions, il assouplit le surmoi vers une autre tolérance et prépare les complicités érotiques en lieu et place d'un travail d'explicitation ou de mise en symptômes comme peut l'être la démarche de l'inconscient livré à lui-même ou livré à l'analyse.

L'articulation entre le travail de l'inconscient et celui du non-dit est floue, hasardeuse, avec des passages dans les deux sens, plus ou moins chaotiques. Le non-dit puise évidemment dans l'économie libidinale du sujet et évacue plus ou moins vers l'inconscient des choses impossibles à entendre ou à résoudre, mais le non-dit est un acquis culturel, y compris contre le pulsionnel et les messages du désir inconscient. Le non-dit est tolérant mais sélectivement tolérant, en fonction de ce qui se passe « ici et maintenant » du côté d'Éros. Le non-dit n'est pas rêve subconscient, ni lieu de passage, il est au service, même s'il torture, s'il engendre la mélancolie, s'il impose au sujet, son maître, des images et des pensées qui l'angoissent, lui font peur et le culpabilisent. Il est la poubelle sans couvercle de l'histoire du sujet, dès lors que le sujet est préoccupé par Éros et il fait exister ce qui n'était pas suffisamment existant pour le passage à l'acte. D'une certaine manière, il est le transfert du sujet sur lui-même pour autant qu'il est composé d'éléments érotiques plus ou moins censurés. La qualité opératoire du non-dit nécessite une liberté vis-à-vis du sujet, garantie par le secret. S'il y a leurre, c'est un leurre ludique avec clins d'œil. Le sujet, même narcissiquement, ne se laisse pas trop tromper. Au dit secret, il peut opposer l'atmosphère, le climat et le changement volontariste. L'auto-agressivité est bien moins exigeante que l'agressivité vis-à-vis d'autrui (combien de rivaux ou d'êtres sublimes, beaux et indifférents, meurent dans les affres des tortures les plus sadiques ou sont condamnés aux services de l'esclavage le plus vil dans le secret du non-dit de tout un chacun). En dehors de tout ce qui en est plus ou moins volontairement exclu, le non-dit implique toujours un certain contrôle de soi, même dans l'hallucination imaginaire du réel et les mensonges du Moi.

Le volontarisme ne contrôle pas tout et la mobilité du non-dit réside justement dans le compromis instable entre ce qui relève du volontarisme et ce qui, plus ou moins filtré, s'apparente au monde pulsionnel, à l'économie libidinale et lui vient de son fond archaïque, à condition que cela devienne intelligible au sujet et ne s'exprime pas sur un mode symbolique (le non-dit n'est pas un rêve, ni une séance d'analyse). Le non-dit a besoin de crudité et de cruauté, il est vie autant que la vie, il est le son dans l'ombre, toujours omniprésent, le partenaire obligé. Il est ce que le sujet désire ou souffre en lui. Il est le manque et ce qui comble le manque, antidote et vérité par rapport au symptôme et au symbole. Il rend caduque la souffrance et la permet. Le tout est dans une finalité qui est loin d'être exclusivement psychique et, par et dans l'acte, ramène au corps. D'ailleurs, un des thèmes essentiels du non-dit tourne autour du corps : de celui d'autrui et des partenaires mais bien plus encore, de celui du maître, de sa laideur, de sa beauté, de ses insuffisances, des organes génitaux idéalisés ou insuffisants, de sa capacité à jouir et à faire jouir, de Narcisse et des cavernicoles. Tout ce qui sépare la sexualité de l'homme de celle de l'animal et ne la ramène donc pas au pur instinct, mais également tout ce qui n'est pas contrôlable dans l'idée de mort et qui s'impose à lui, ne serait-ce que l'impossible à jouir ou le vieillissement de la chair.

Nous voudrions souligner ce qu'il y a d'enchevêtrements, de redits, de contradictions, d'émotionnel, d'archaïque et de construit, de logique et d'alogique, de superstitieux et de raisonné dans ce que nous appelons le non-dit. Il est mouvement, il est répétitif, monotone et renouvelé comme la vie, celle même du sujet. Il peut avoir des effets variables, certains mesurés et souhaités à l'avance, d'autres plus ou moins imprévus et alors plus ou moins combattus. Ils sont rarement paradoxaux au vu de la finalité qui est un passage à l'acte avec le corps. D'ailleurs, le côté répétitif du non-dit, l'atmosphère connue avec un air de déjà vu et la ritualisation sont les meilleures protections contre les effets paradoxaux qui peuvent cependant arriver, et sont alors sources d'angoisse, dépendant plus ou moins des noyaux pathologiques de la personnalité du sujet et de son refoulé, de quelques scènes primitives. Mais, même là, le côté culturel et volontariste du non-dit permet alors de négocier plus ou moins bien cette émergence de l'angoisse, dès lors qu'elle devient insoutenable pour le sujet et qu'elle ne participe pas de son désir masochiste.

L'empêchement à jouir, dans ses effets paradoxaux, peut également se situer du côté de l'hypocondrie dont le sujet est plus ou moins conscient. Conscience de ce que l'hypocondrie est pour lui un dérivatif à l'impuissance, car il sait qu'elle est caricature et non réalité actuelle, même si à travers elle s'actualisent de vieilles questions. La litanie non dite centrée sur les caractéristiques de l'organe malade ou de la fatigue absolument extraordinaire, au moment même où se pose la question de faire la demande à l'autre ou au moment de se déshabiller et de mettre à nu l'organe dont on sous-estime les dimensions ou l'esthétique, est monnaie courante et vise à annuler le désir par peur profonde et ancienne d'être sanctionné là, immédiatement (ce qu'en psychanalyse, on rapporterait à l'angoisse de castration). On trouve parfois à l'origine l'influence exagérée d'un prêtre, d'un familier, d'un parent qui a longuement et sadiquement (parfois pour voiler son propre désir de la jeunesse à l'autre!) mis dans la conscience du sujet une relation entre le diable, l'enfer et la sexualité en son accomplissement. Le temps n'est pas si loin où le sadisme institutionnel s'exerçait vis-à-vis de la masturbation. Il est encore actuel. Ce que le sujet se dit à lui-même des masturbations, même quand il trouve avec elles et leur cortège de fantasmes de plus amples et de plus complètes satisfactions qu'avec tout acte incluant un partenaire. Là encore, le non-dit comporte une part d'autopunition, de remords exquisement ou non douloureux, dont une partie non négligeable s'exprime et s'extériorise à travers une somatisation.

C'est là poser la question de l'utilité normative du non-dit : il en comporte suffisamment pour maintenir la relation avec la réalité et il doit être suffisamment laxiste et absolvant pour ne pas maintenir trop, et trop longtemps, un état de malaise, faute de quoi le symptôme, en particulier hypocondriaque, prend le pouvoir et légifère à sa place. C'est dire que le compromis s'exerce dans l'expression même du langage intérieur : aux constructions logiques se mêlent les demi-mots allusifs, les images plus ou moins télescopées, les ébauches de formulations contradictoires, de pensées évanescentes. Le non-dit chevauche dans le même temps plusieurs directions divergentes entre lesquelles il fixe ici et maintenant son choix, expérience en fait informulable et qui, si elle s'extériorise, apparaît bien vite comme réductrice (même G. Bataille n'y parvient pas tout à fait dans son admirable *Expérience intérieure*), à distance du désir initiatique, empêchant le sujet de s'engager dans son désir. Paradoxalement, c'est grâce au compromis normatif silencieux, constamment actualisé, et aussi constamment censuré, que le non-dit exerce sa fonction qui est de désaliéner le Désir. En fait, c'est en sacrifiant une partie qu'il parvient à désaliéner l'essentiel qui est quand même d'avoir du plaisir dans l'acte. Ce qui, sauf à mourir, ne peut jamais être une cause complètement perdue.

C'est l'incognito dans la loi qui permet la sélection des rêveries (prénocturnes notamment) et de l'imaginaire et la sélection des fantasmes; c'est cet incognito qui favorise la masturbation ou le fétichisme ou toute autre pratique solitaire, cet incognito qui, tout en leur faisant leur place, permet la mise à l'écart de la culpabilité et de la répression sociale et crée ainsi les conditions de l'autonomie sexuelle minimale.

C'est donc tout un travail de désolidarisation avec le moi social, avec l'image idéale de l'enfant mise en place par les parents, avec un nombrilisme narcissique, avec toute forme de désir maternel qu'entreprend le non-dit pour permettre la seule solidarité qui vaille, celle du sujet et de son désir. Il n'est à cet instant plus un substitut du désir de l'autre ou d'un désir mort. Il est le désir de lui. Il est sujet. Dans sa complexité qui vise à la jouissance, en même temps qu'il lutte contre la mélancolie et sa mort réelle, annoncée et programmée, même si elle est en suspens ici et maintenant, ou même si le non-dit associe en même temps un deuil imaginaire, qu'il soit préalable ou non. Ce qui est possible, si la situation exige, pour arriver à la satisfaction, la mise en jeu de la totalité du système signifiant du sujet. Pour qu'une vérité, ici sexuelle, devienne la sienne. Dans la rencontre réussie du symbolique, de l'imaginaire et du réel.

Nous savons que cette rencontre n'est jamais au mieux qu'asymptotique. L'Autre est l'autre, porteur d'une inaccessible altérité, quels que soient les moyens de séduction utilisés préalablement, quelles que soient les obligations imposées dans le passage à l'acte. L'Autre possède un non-dit qui devient une interrogation anxieuse pour le non-dit du sujet, bien obligé de censurer sa demande par crainte de trop en dire à son tour. Et encore, communiqueraient-ils à l'extrême, qu'il est impossible pour l'un et l'autre de transmettre la vibration, l'atmosphère, les tenants et aboutissants d'une pulsion archaïque qui, d'ailleurs, leur échappe plus ou moins, et de toute façon, n'est pas destinée à un interlocuteur extérieur, assertion véridique que pour le seul sujet. C'est le tronquage même de la parole qui est message fondateur de la relation et non l'inverse. Toute transmission deviendrait immédiatement compromettante, nuirait à son objet – la mise en scène du passage à l'acte – emmènerait le sujet dans une impasse où l'inverse du désir, la répulsion (légaliste), prendrait le pouvoir comme s'imposant à l'image de l'un et de l'autre.

L'Autre ne peut être identifié qu'à l'image du désir et non pas à l'image de son désir. Et pourtant, il a besoin de son propre désir pour passer à l'acte et répondre d'une manière satisfaisante aux sollicitations du sujet. Celles-ci doivent être suffisamment jouées pour laisser toute sa place à l'imagination en action du ou des partenaires. Ce sont des images qui se projettent, images de l'un pour l'autre. La parole qui prendrait trop le pouvoir risquerait fort d'anéantir chacun en tant qu'objet du désir pour l'autre. Le non-dit est une manière de reconnaître ce sens et lui seul permet à l'unification temporaire de se réaliser, sans que cela ne soit trop un marché de dupes et de sorte que chacun y prenne son plaisir.

En tant que refuge de l'ineffable, le non-dit, qui est lieu de tous les au-delà de la parole, crée cette chose inouïe que l'autre devient, en un même mouvement, sujet-objet et, de ce fait, est accepté en tant que tel dans l'échange. Cela n'est possible que parce que l'un et l'autre sont, en même temps, désirants, sollicités au nom de ce désir, à la fois gratifiés et gratificateurs, tant qu'ils laissent de côté la revendication affective du désir totalitaire des réparations narcissiques. Situation paradoxale qui fait de l'abolition ou de la mise entre parenthèses de l'essentiel du désir la condition essentielle pour son assouvissement dans l'acte. Situation où l'intellectuel et l'intelligent désinvestissent l'intellectuel et l'intelligent pour assouvir l'instinct, pour permettre le corps à corps. Dès l'acmé de l'acte, l'imaginaire et l'intellectuel reprennent le dessus et leur travail pour recréer l'objet fantasmatique du désir de l'un et de l'autre, sans lequel il n'y aurait à nouveau place que pour le deuil, la mélancolie et la mort.

Créateur d'histoire, le non-dit remet l'acte à sa place, comme un de plus avant le suivant qui sera certainement meilleur que le précédent ou aussi bon que celui qui a été le plus proche de l'extase. En jouant sur le répétitif embelli par l'imaginaire, il limite la place du deuil, de la mélancolie et de la mort, pour, parfois, lui substituer l'Amour, autre monde à créer et qui postule le succès biologique, somatique, se construisant sur le malentendu de l'imaginaire.

Malentendu car l'amour relève d'un mythe à inventer dans sa propre constellation mais qui suppose pour être d'être délivré à l'autre (qui ne peut être ce mythe que dans un espace-temps très limité car, en aucun cas, il ne participe au niveau du désir, à l'historicité complète du sujet). Tout le monde devrait savoir que tout amour passe par la sublimation de la sexualité qui n'est que ce qu'elle est, l'espace d'un instant, alors que le désir n'a, en aucun cas, à se justifier d'une sublimation. Il est d'une certaine manière « objectif ». Et le non-dit ne fait qu'étayer cette objectivité, « en faisant parler le savoir de son manque » (F. Perrier).

En d'autres termes, à la différence de l'amour, le non-dit épouse la réalité interne et externe du sujet. Ou plus exactement, avec une précision entomologique, la cerne au plus près, disséquant tout autant le réel extérieur que le symbolique et l'imaginaire, dans la mesure même où la réalité est inconnaissable. Contrairement au refoulé qui « n'en veut rien savoir », grâce auquel le sujet utilise le fantasme pour son désir, le non-dit ne peut être complice du « principe de plaisir » qu'en mobilisant tout, et notamment ce qui pourrait faire obstacle au passage à l'acte, tout ce qui cause en secret au sujet pour la bonne cause, avec notamment ce que nous avons signalé plus haut, une dépendance-indépendance envers le désir de l'autre.

Pour permettre à l'autre de devenir valeur narcissique pour le sujet, sujet qui ne peut être autre que Narcisse, à l'abri du langage pour ne pas cesser d'être Narcisse et reprendre à son compte l'amour supposé être, celui de l'autre. Condition exigible, même dans le viol, pour le passage à l'acte.

Si cela cesse de fonctionner et que le plaisir devienne un impossible vrai, si le sujet entre dans le « deuil d'une jouissance inaccessible » (F. Perrier), le sujet est mûr pour la mélancolie ou pour la mort. La fusion silencieuse du sujet et de son non-dit est en définitive son seul et vrai objet d'amour-fusion pour lui qui, au nom de l'amour, autorise également la haine, en tous les cas l'ambivalence de soi vis-à-vis de soi sans lesquelles tout passage à l'acte serait le premier et le dernier.

III

Techniques

Le non-dit de l'analyse

Tout est bien organisé, ordonné. Quoiqu'on en ait, l'analyse est de l'ordre dans l'ordre. Elle ne laisse pas de place pour l'ordure.

Entendons-nous : il ne s'agit pas d'un nouveau discours contre l'analyse, il y en a bien assez. Elle demeure l'une des rares aventures vraies du monde occidental. Il s'agit d'une critique de sa prétention à être scientifique. Car avec la science, elle n'a qu'un point commun : l'ennui.

Ennui, non seulement du contenu et du contenant, mais ennui de ceux et celles qui la pratiquent, s'instituent les gardiens du Temple, et pourchassent, en l'étiquetant, toute forme du plaisir. Car le non-dit de l'analyse se situe d'abord dans la difficulté à vivre des analystes. Le mystère de Jacques Lacan réside autant dans son art de vivre personnel, aristocrate, jouisseur, épanoui et méprisant, que dans son discours, qui, pour autant, n'est pas négligeable, et dans sa pratique qui laisse quelques points d'interrogation. A l'inverse, et puisque c'est public, c'est de culpabilité et de laideur que souffre l'immense François Perrier qui, toute sa vie, s'est efforcé de jouir en le payant si cher.

Comment faire pour distiller un tel ennui? Par deux méthodes : le terrorisme bureaucratique d'abord; il suffirait pour s'en convaincre de revenir sur les mésaventures des diverses écoles, ou le rôle de « conseiller » que joue telle ou telle figure (souvent ex-stalinien) de l'analyse. Mais, surtout, et c'est l'objet de ce chapitre, en évacuant ou en ritualisant ce qui est gênant, les atmosphères, les mélodies, l'affectif du monde psychique et leur cinétique propre, leur télescopage, leurs ralentis, leurs accélérés. De plus en plus, l'analyse s'est enfermée dans la causalité, évacuant quasi systématiquement l'intensité (à l'exception notable de Jacques Lacan qui, par la dimension même de ses séances, lui conférait valeur).

Elle l'a fait d'autant plus que l'image du père fondateur, Freud, est accablante d'ennui et de respectabilité. Après avoir goûté la cocaïne, il a transformé le contenu imaginatoire de sa planète en une théorisation de plus en plus aseptique. Le non-dit de l'analyse commence ici dans le mensonge par omission du grand Freud vis-à-vis de ce qu'il ressent et qu'au mieux, il traduit en langue de bois. Car les zélotes pourront bien affirmer, et ils le font depuis des décennies, que Freud a tout dit, tout le monde sait comment on pervertit la vérité avec la langue de bois, langue de subtil mélange entre choses vraies et choses fausses, ritualisées et engluées dans le dogmatisme lourd, langue qui enferme dans un choix toujours insupportable : obéir – et donc censurer – ou « trahir ».

On ne peut pas reprocher aux analystes qu'ils aient une conception du sujet et de son inconscient. On peut leur reprocher de trahir eux-mêmes leur propre conception en devenant des idéologues. Et ils deviennent des idéologues à cause de cet immense non-dit scandaleux : leur propre difficulté à vivre leur vie personnelle. Telle est l'impasse qui se pare de tous les oripeaux de la théorie et engendre, ce qui est plus grave, une pratique perverse parce qu'elle est hypocritement totalitaire sans en avoir les moyens, sans s'en donner les moyens, en tous les cas, qui imposeraient la simple honnêteté de dire ce qui est. Seule, la vérité, dans sa complexité, est scientifique. Le non-dit, ici, est le poids du réel, le poids de la souffrance et de l'impuissance de l'analyste. Alors qu'à contrario, comme le dit Denis Vasse, « il y a des manières de parler des choses intimes... qui sont une façon de dénier ou de camoufler ce qu'elles ont de vivant ».

L'analyste exclut ce qui, somme toute, est l'essentiel c'est-à-dire l'actuel. Ce qui dans le chaos se passe ailleurs que dans le discours et son silence. Ce qui n'est pas directement « utile » à la séance (a-t-on assez abusé de la notion d'« économie psychique ») et se trouve au-delà ou en deçà du conditionnement dans le rituel analyste-analysant. Tout ce que, par exemple, vit le corps dans l'analyse, dont les conceptions paragroddeckiennes n'offrent qu'une caricature et qui, en fait, va bien au-delà, comme va au-delà ce qui ne touche pas au discours du patient, le regard par exemple.

Ce n'est pas tant la longue liste de ce qui est exclu ou réifié qui est intéressante, c'est ce qui n'est pas du refoulé, qui n'arrive pas à se dire dans et par la technique, et qui ne se réduit pas à la stratégie des « défenses ». Une de ces questions fondamentales est l'interrogation du patient sur la vie réelle de son analyste, et les vraies raisons qu'a l'analyste de n'en rien dire.

Répondre que l'analyse, c'est l'analyse de l'inconscient n'est guère satisfaisant. Comme si l'inconscient était une mécanique matérielle, inerte, isolée de l'actualité du sujet, comme si le désir ne fonctionnait pas ici et maintenant dans toutes ses modalités (y compris et surtout perverses). Si l'inconscient est structuré comme un langage et si l'inconscient est « le discours de l'autre », qu'est-ce qui fait qu'au nom de la technique, mais en pratique du fait du pouvoir, ne circule pas, ne s'exprime pas ou s'exprime dans une forme toujours censurée un immense non-dit dangereusement reconnu-méconnu?

On peut certes dire qu'il ne s'agit là que d'une actualisation qui, en s'exprimant, s'instaure en leurre de délivrance. Il est exact qu'il y a illusion de la parole délivrante. Mais il n'en est pas moins vrai à contrario que, au-delà de la notion de transfert, il existe une relation de pouvoir-dépendance entre l'analysant et l'analyste qui n'a rien à voir avec l'alibi de la technique, qui relève plutôt de cette dépendance volontariste et active du toxicomane, qui s'édifie dans la construction d'un duo, que la volonté ambiguë de l'un et de l'autre conspire à rendre indissoluble. Dans ce statut de duo, il manque à l'analyste la qualité suprême d'être inerte, comme la « poudre ». C'est alors son silence qui remplace l'inertie de la poudre, renvoyant au mystère et à la toute-puissance son pouvoir.

L'analyste ne répond certes pas en son nom propre à la parole de l'autre, mais son silence et sa position dans le silence y répondent, parce que cette position a été choisie par l'analyste et pas nécessairement au nom de la science analytique. Tout au plus avec l'alibi que le « réel » est impossible, alors qu'on peut s'interroger sur la dépendance par rapport au réel, seule possibilité que nous connaissons bien chez le toxicomane d'échapper, au moins un peu, à l'angoisse de mort.

On notera, en incidente, que la seule possibilité d'échapper à ce duo, c'est de faire parler son corps plutôt que sa bouche, d'où l'augmentation vertigineuse des suicides, des toxicomanies et de la psychosomatique depuis l'avènement de la société psychanalytique (le déclin actuel n'endiguant en rien la pénétration de l'idéologie psychanalyste dans la société). Le corps devient un dire, là où le non-dit est imposé, en tous les cas, le dit stérilisé.

Si la douleur a un sens, c'est lorsqu'elle exprime la tentative de saisir une certitude. C'est encore le corps qui s'en acquitte le mieux – juste avant le poète qui ne trouve pas le mot juste – dans la souffrance comme dans la jouissance. L'analyse se situera toujours en deçà de la jouissance, car elle ne s'autorise que d'une connaissance contrôlée, à distance, protégée tout en étant, il est vrai, protectrice. Alors que le manque (et en cela, le toxicomane est toujours exemplaire parce qu'il vit dans la démesure) n'est jamais à distance, et que c'est à ne pas vouloir le dire que le sujet est dans sa vérité à nulle autre comparable.

Parce que la séduction n'est jamais absente, tout en y étant proscrite, l'analyse se constitue en forme élaborée de la solitude. Solitude non choisie et scandée par le rythme des séances qui introduit le besoin de la répétition et la répétition du besoin, sans productivité, ni fertilité, donc en position perverse. Être seul en présence de quelqu'un qui est supposé savoir le besoin de séduction, mais qui, de facto, l'interdit dans sa réalisation, est le plus bel exemple de position perverse qui puisse exister. La solitude ne peut se résoudre que dans le dire de la séduction suivi du passage à l'acte, ce qui, en droit analytique, est impossible. D'où la stérilité du dit, même le plus audacieux. D'où la stérilité de l'analyse en tant que moyen de s'en sortir, comme l'illustre la position du toxicomane qui, lui, a toujours besoin à l'évidence de thérapies transitionnelles. Car c'est dans son corps que se niche le signifié, alors que l'analyste est là pour ne pas avoir de corps, même s'il prétend, comme le dit François Perrier, être toujours à la place de l'autre manquant.

Le non-dit est installé – pour ne jamais disparaître – dans cette solitude de la séduction, et dans la séduction de la solitude. Faire comprendre, sentir, saisir à son analyste que le corps de l'analysant n'est pas autre, n'est pas que langage, mais ontogénétiquement, archaïquement, douleur et plaisir, est le sens interdit de toute situation analytique.

S'interroger sur le non-dit de l'analyse, c'est forcément découvrir qu'entre le corps de l'analyste et le corps de l'analysé, il se passe quelque chose qui, bien plus que l'inceste, sera barré de l'interdit.

Réduire le corporel de l'analyste ou de l'analysant, c'est

sacrifier ce qui, dans la réalité, s'impose à tous et à chacun (bien que l'on puisse concevoir le danger conservateur de phénoménologiser l'expérience analytique, comme le souligne Perrier).

De ce dilemme-là, l'analyse n'est pas près de s'en sortir, piégée entre l'inconscient à déchiffrer et le conscient, et n'accordant pas la place qui lui est due à la censure active, pas seulement celle du fantasme (bien qu'il s'agisse de cela aussi) mais celle du contenu plus ou moins archaïque d'un désir, qu'il soit de l'ordre de la passion amoureuse, du besoin érotique ou du besoin mortifère. Qu'en est-il en effet de l'organisation de la pulsion de mort en dehors du discours et du silence? Qu'en est-il de l'immédiate après-jouissance?

Dans la mesure où cette censure active ne peut servir d'objet ni d'espace transitionnels féconds, il n'y a dans l'analyse de possibilité que pour un espace pervers, stérile. Être analyste reste, dans la pratique, analyser le sens du désir et non sa réalité. La réalité est toujours barrée avant l'ultime en tant qu'elle est dangereuse pour la position de l'analyste, même si le duo analyste-analysant approche du plus vrai du désir, en tous les cas, du plus vrai du désir de l'analysant. L'objet inconnu de l'analyse n'est pas le support de la libido de l'analyste, mais bien la non-réalisation de son désir, le non-passage à l'acte. Car il n'existe pas, aussi vieux soit-il dans son exercice, aussi vieux soit le duo qu'il entretient avec son analysé, un analyste sans désir. Même quand elle n'est plus que « pure répétition » (F. Perrier), il reste dans l'analyse quelque chose de l'ordre du désir.

Par rapport à ce qu'on peut appeler la vraie vie, il n'y a pas de possibilité de tricher. Sorti de sa séance, le sujet reste avec son non-dit sur les bras, il reste avec du réel sur les bras.

Le toxicomane, plus que tout autre, le ressent, lui qui vit cette réalité riche, ambiguë et télescopée de la drogue, qui est à la fois une pratique, une symbolique et un imaginaire. Jamais l'analyse (ni un autre réel) ne lui ferait retrouver en vérité le monde de ce type de plaisir ou de jouissance.

Il y a dans l'analyse quelque chose de stérile. Ce que ne peut ni exprimer ni vivre le patient est de l'ordre de la saveur, de la consistance, de cette spontanéité que donne une émotion intense. Aucune signifiance ne peut remplacer l'intensité. Même l'intentionnalité ne le peut, coincée entre le moment où elle est encore inconsciente, et le juste moment où elle devient, non pas consciente, mais préconsciente, là où fonctionne la censure liée à la situation de l'analyse irréductiblement a-corporelle, sauf à faire de la transgression le point final d'une analyse « réussie ».

Situation somme toute banale, puisque, dès sa naissance, c'est du manque dont souffre tout sujet – le désir étant par essence tentative pour combler un manque. Mais la dimension spécifique de l'analyse est qu'elle désigne le manque et vise à le combler (ou à le déplacer) par des mots, alors que le manque du manque peut par ailleurs être crié par une pratique (celle du toxicomane n'est pas la seule), pratique qui est interdite dans le duo analytique. (Il y a là ligature punitive, terrorisme institutionnel qui fait qu'on peut introjecter un bon objet symbolique comme signe d'identité du sujet, alors qu'en fait la demande du sujet, dans son désir, est un objet qui crée une consistance matérielle et/ou corporelle. Et qu'il puisse posséder là, à l'instant et non en différé, non par procuration.)

Dans ces situations, le non-dit vient à la place du discours signifiant, y compris celui du désir, redoutant et souhaitant à la fois le moment-scansion du dévoilement de ce désir contradictoire et la possibilité, là, tout de suite, du passage à l'acte unique, non répétitif.

Là où la jouissance n'est pas vraiment interdite mais où elle fait perdre quelque chose qui ressemble au « sens de l'honneur », là où la jouissance est aliénée par le statut du social, le non-dit est celui du sujet qui est, sans être tout à fait, quelle que soit la réémergence du refoulé inconscient dont il bénéficie grâce à l'analyse, quelle que soit la part faite à l'analyse du fantasme. On pourrait presque parler ici de scène seconde par rapport à ce que Freud appelle « scène primitive ». Scène tout aussi signifiante mais qui se situe du côté du social actuel, même si la mémoire est en jeu, scène qui a à voir avec l'identité de l'être – mais ici et maintenant – l'être là, face au manque, qui n'a plus rien d'archaïque et dont lui seul, en conscience, possède les clefs. L'analyste, malgré son écoute, n'a que le regard. Il est devenu, à cet instant, voyeur. La question de l'être que l'on croit avoir réglée par une demande d'analyse se retrouve posée ailleurs, avec d'autant plus de force qu'elle est là même à cet instant pour l'analyste, sujet pourtant supposé savoir, mais aussi infirme que l'analysant devant ce mystère du désir et de la transgression impossible là, à ce moment.

Il y aura donc toujours interrogation « muette », dévoilant la différence entre le « tout dire » théorique de l'analyse et justement ce que l'on ne dit pas parce qu'on ne peut pas passer à l'acte. Notons en passant que ce ne sont pas les théoriciens fumeux de la Gestalt-Therapie qui résolvent le problème par des pantomimes ou des simulacres tout aussi frustrants, parce qu'ils sont des jeux et non des actes d'amour, ou au mieux des actes d'amour sans possession. Quoi que l'on fasse à un instant donné, il n'y a plus d'écoulement possible. C'est bouché. Le bouchon est formé par le non-dit qui n'est ni de l'inconscient ni du préconscient, qui est là et n'est pas là.

La question posée, non résolvable dans ce cadre, est « être ou avoir » (F. Perrier) et la réponse ne peut être que « manque à être, manque à avoir ». Faute d'en vouloir trop savoir sur le désir du sujet en analyse – et en ping-pong sur l'être de l'analyste – mais encore plus loin, dans l'interrogation sur l'être et le désir des géniteurs de l'un et de l'autre. Dès lors que l'on se pose les questions pour atteindre à la vérité non réductrice (et qui de toute façon ne sera jamais que virtuelle), tout devrait se jouer dans l'acmé de l'énonciation et du passage à l'acte. Ce qui, par définition, est interdit. Ce qui est « juste » dans le cadre de l'analyse mais réducteur et frustrant dans le cadre de la « vraie » vie. L'analyse peut être culturellement juste. Elle ne permettra jamais au sujet d'être en manque de manque, ce qui en soi est plutôt promoteur d'un mouvement et non d'une mort, mais qui n'apporte pas au sujet ce qui est au cœur de la question de l'extase, en tous les cas de la jouissance : l'acmé unitaire.

Ce n'est certes pas le but de l'analyse, mais quoi qu'on théorise, c'est cela qui prend souche dans le non-dit de la demande de l'analysé. L'analyste le sait fort bien puisqu'il l'a, lui-même, cherché dans sa propre analyse, ne serait-ce que dans la problématique du narcissisme.

C'est le président Schreber qui dit que, « tout de même, ce doit être vraiment très beau d'être une femme en train de subir l'accouplement ». Là, tout est émotion, sensation, désir et désir de passage à l'acte, et non discours qui ne peut être qu'inachevé et donc censuré. Car il s'agit de tout autre chose qu'un savoir, il s'agit du rapport intime, indicible, au plus près du corps corporel et de son désir, brut, net, sans origine, ici et maintenant, au su et à l'insu des deux partenaires.

Encore que, puisqu'on est en analyse, se pose dans le non-dit du sujet, même à cet instant, la question du désir des géniteurs lorsqu'ils ont fait un tel enfant qui éprouve un tel désir à un tel instant. Mais l'ampleur même du cataclysme psychique, d'une telle succession de questions fondamentales, les ensevelit de toute façon dans un autre non-dit d'une autre nature : le non-dit de l'impossibilité – je dirais technique. Certes, la succession des séances peut reconstituer un dit. Mais alors, il sera linéaire et donc réducteur, stérile, comparé à l'immensité de l'action émotionnelle du temps vécu ici et maintenant dans le psychisme et le corps du sujet. Aussi inanalysable en paroles que le symptôme « frigidité » par exemple, comme le dit Jacques Lacan.

A la limite, on peut presque dire que la jouissance ne devient possible que lorsqu'il n'y a pas transmission verbale, vécue comme un vol, une dépossession de la demande du corps qui n'a que faire d'un savoir. Le désir n'a pas de sens. Il est du moins ici et maintenant. Et le sujet naît à ce moment-là, de son désir qu'il découvre la première fois, qui le nomme à la fois dans son histoire et en dehors de son histoire. Instant unique, du « je-ne-sais-quoi » et du « presque-rien » chers à Vladimir Jankélévitch, qu'il ne suffit pas d'interpréter ou d'entendre pour qu'il n'existe pas toujours ailleurs que dans le champ de la psychanalyse. Les objectifs d'une cure analytique ne peuvent être que pervers par la question du corps corporel et plus spécialement du corps désirant son analyste tout de suite et maintenant.

Ainsi se dévoile la différence entre ce qui est analysable, c'est-à-dire ce qui est de l'ordre de la signification, et ce qui n'est pas analysable, ce qui est de l'ordre du hasard cinétique, psychique, de l'informulable, de l'atmosphère, de l'ambiance, du conflit télescopé. Certes, il s'agit là aussi de ce « champ imaginaire d'intraréalité psychique du sujet » (F. Perrier) et de la libido. Mais on ne peut pas le réduire à cela, alors qu'il s'agit de flux, de tumulte, d'écart et surtout d'allogisme extralinéaire. En d'autres termes, il est impossible de réduire la question du non-dit en psychanalyse à la question du fantasme et de ses supports imaginaires, ni à l'hypothétique solution que constitue pour le sujet l'auto-érotisme pervers ou incestueux. Le non-dit reste toujours non pas du côté de l'absurde ou de l'incohérent, mais du côté de ce qui, dans l'instant immédiat, émerge du désir et du non-passage à l'acte. Par référence à une loi, celle de l'ordre analytique – qu'il a accepté de ne pas rendre caduque – quel que soit son désir. Ce non-dit se situe dans le cas de figure où le désir du sujet fait la loi sans que cette loi puisse accéder à l'acte, à la place de la loi de l'analyse érigée en vérité totale. C'est à cette place que s'introduit le fantasme – à postériori, si j'ose dire – dans le non-dit du passage à l'acte. Quand le désir cesse d'être quasi pulsionnel pour être soumis à la loi. Loi édictée à l'intérieur d'un mythe, celui de l'analyste intouchable, et qu'un autre mythe, celui de l'éthique de la psychanalyse, renforce.

Nous dirons avec F. Perrier que « le corps vient à la place d'une impossible éthique » dès lors qu'elle essaie de s'appliquer au désir. Ce n'est pas le discours de l'autre qui fonde le sujet. C'est le désir, en tant qu'il peut être permis ou interdit. Et dès lors qu'il est permis ou interdit, nous nous trouvons à nouveau devant la question du manque, lequel, s'inscrivant dans le cadre de la loi et de l'éthique, renvoie à la faute, à la culpabilité. C'est de ce manque devant quelqu'un qui n'est pas quelqu'un (l'analyste) que naissent la faute et l'impossible dit.

Car, si l'interprétation est toujours partout possible, ce qui viendra après coup (si on reste en analyse) ne sera jamais la satisfaction, mais la déviation. Ici, la parole est réponse qui échoue. A tout prendre, il vaut mieux le non-dit car le sujet reste avec son illusion d'un possible. Que l'analyste parle ou interprète, qu'il y ait ou non effet de vérité, peu importe s'il n'y a pas acte unique. En tant que passage, cet acte ne peut pas s'inscrire dans l'analyse et devient le non-dit. « Ici, ça ne parle pas », parce que c'est conscient et c'est censuré, au su des deux partenaires – qui sont sur ce plan à égalité – parce qu'il y a échec de la décorporéisation du corps, il y a présence du corps de l'analyste et de tout autre corps non symbolique dans le corps désirant de l'analysé.

A trop l'oublier, on ne retrouve plus rien du sexe réel dans l'analyse, ni de ses attributs physiques, comme par exemple l'érection chez l'homme ou son éjaculation. A trop se dire : la fonction sexuelle ne fonctionne pas, l'orgasme est un signifié, non une volupté, il l'est là, en séance, mais qu'on le veuille ou non, il le devient également en dehors des séances, pervertissant son plaisir. Ce que ne peut pas dire le sujet, c'est que l'analyse, à ce stade, est un mode d'aliénation qui le prive de jouir à son heure, par quelque chose qui vient de la loi de l'autre, ressenti ici comme l'ennemi qui chosifie, quelle que soit l'intelligence que l'on puisse avoir du transfert et du contre-transfert.

C'est là l'obstacle irréductible de la psychanalyse, en ce qu'elle définit elle-même ses propres finalités, à savoir ce qu'est pour elle la réalité psychique, l'inconscient et le désir, posant comme principe qu'il y a fantasme et réalité et qu'il ne peut pas y avoir de confusion entre les deux.

Nous venons de voir que tout être humain a au moins un moment d'acuité où il s'inscrit radicalement en faux contre cette prétention qui n'est que technique. Même si la psychanalyse s'inscrit en « éclairs de vérité » (par exemple quand une interprétation remporte l'intime conviction du sujet), quoi qu'on y fasse, elle ne permet pas, jamais, l'expression « accouchée » de l'acuité émotionnelle, affective, désirante, car s'il y a quelque chose de barré en analyse, ce n'est pas l'analyste ni l'analysant mais leur désir et sa concrétisation.

Peut-être en faut-il aussi chercher l'explication dans le vieillissement historique de l'analyse ancrée dans un système de valeurs très « travail, famille, patrie », et qui s'arc-boute sur une certaine idée de la normalité des conduites et, notamment, des conduites sexuelles, fétichisant ainsi un corps sexuel, par opposition à la liberté d'un imaginaire dont le débridement, contrôlé au long des séances, serait l'écoulement d'un flux libérateur d'un comportement normal.

Ce que ne dit pas l'appareil « bureaucratique » de la psychanalyse, c'est le processus de production de tel modèle qu'il est facile de vérifier à travers la littérature des diverses écoles. Qui peut nier par exemple les connotations moralisantes et donc punissables de la notion de « pervers » ou pire, de « structure perverse ». A travers ce que Baudrillard a appelé le « fétichisme du signifiant » s'est institué un code de ce qui est « bien » et de ce qui est « mal », sans que cela puisse jamais être dit. Il s'agit au fond d'une stratégie d'aveuglement sur ce que justement le freudisme a permis d'entr'apercevoir, la mobilité chaotique et non réductible à la technique ni à l'idéologie de la dialectique corps imaginaire d'un sujet désirant.

L'aventure structuraliste de la psychanalyse a édifié un ensemble, un système, qui est devenu bien plus un référent signifiant que le discours de l'autre et qui persiste, une fois le sujet sur le divan. Véritable surinvestissement d'un rituel rigide et frigide au détriment de ce qui parle, se parle et se dit et, bien plus, de ce qui se vit, y compris lors de la découverte de son inconscient, entraînant de facto le sujet dans un autre type d'absence à lui-même. L'analyse devient, comme le redoute F. Perrier, l'espace de l'énoncé au lieu de rester l'espace de l'énonciation.

C'est en fétichisant l'énoncé que l'on est arrivé au stade où il devient indifféremment identique pour l'un ou l'autre analysant, chacun devenant conforme (copie conforme) à un modèle (ce qui explique par exemple le succès et l'intime vérité des bandes dessinées de Claire Bretécher). De « structuré comme un langage », l'inconscient est devenu structuré comme la grammaire définie par les analystes eux-mêmes.

Pour des sujets qui ont vraiment quelque chose à dire (du domaine de l'urgence par exemple), il n'y a pas de place dans la rigidification et le réductionnisme d'un tel système : à fonction pervertie ne peut répondre qu'une démarche pervertie qui essaie de télescoper dans une pratique la réalité, le subjectif, l'objet partiel et le non-dit et ce, dans le domaine le plus censuré, la jouissance. C'est le cas de figure idéal du toxicomane car il ne peut jamais y avoir rencontre entre sa réalité psychique et celle de l'analyste (sauf si celui-ci est ou a été toxicomane), sauf à acculer l'analyste à un « déni de soi donné à soi-même » (F. Perrier), c'est-à-dire exactement à une position perverse.

Cette position perverse a commencé dès lors que l'analyse a pris la parole en tant qu'école, en tant qu'idéologie. Et que chaque analyste est tenu de s'identifier à telle ou telle position, au déni de son imaginaire et de l'imaginaire de son analysant. Non pas qu'il refuse la parole de l'autre. Mais il la pré-signifie. Ce champ constant de référence est ce qui empêche l'autre d'être l'autre et le renvoie à quelque chose qu'il connaît bien – la censure – l'obligeant à dire en séance la parole « épistémologiquement » juste. On peut en avoir un aperçu dans les querelles byzantines pour savoir les différences entre jouissance et plaisir, réel et réalité, réel et vérité. Discussions qui relèvent de l'épistémologie philosophique mais qui n'ont rien à voir avec ce qui se télescope dans la tête et le corps du sujet, là, en séance, tout de suite et maintenant. (Que l'excitation vienne de l'extérieur ou de l'intérieur du sujet, qu'elle corresponde à un besoin instinctuel ou non, tout cela, bien entendu, en fonction de la présence de l'autre, à savoir l'analyste en chair et en os, même si dans l'insularité du psychisme du sujet, on pourrait dire que l'autre n'est qu'une représentation hallucinée.)

Dès qu'on est à deux, il n'y a plus insularité (chacun peut le vérifier), mais flux de désir que barrent la théorisation idéologique, le terrorisme et qui produisent dès lors du non-dit.

Lorsqu'un système de savoir existe, l'essentiel est exclu. Nous l'avons dit à la suite de Serge Leclaire : dès lors que l'analyse devient système de savoir, elle ne permet pas au flux de désirs l'accès à la jouissance, fût-ce à travers le dit. Le dit devient du savoir, c'est-à-dire, quoi qu'on en dise, du non-imaginaire et du non-imaginant de la jouissance (F. Perrier).

A partir de la position de l'autodémenti de l'analyste, au nom d'un savoir idéologisant, s'organise, à travers le cérémonial de la mise en scène analytique, le démenti, le non-dit du désir de l'analysant le plaçant en position perverse comme le Nègre, fils d'esclaves dans la société brésilienne actuelle. (On peut d'ailleurs s'interroger sur la valeur dans cette société de la coexistence d'une psychanalyse blanche et d'un candomblé noir.) Ce mensonge vise la promotion du désir en tant que passage à l'acte entre deux sujets sans qu'il soit chosifié, réifié (bien plus qu'annulé comme le souhaiterait l'idéologie non dite de l'analyse).

On prive le sujet de quelque chose et il ne peut pas le dire, sauf à annuler l'analyse en mettant en cause dans la réalité son analyste, renvoyant son analyste à la peur de découvrir que « ça » existe vraiment et des deux côtés. Au nom même de l'analyse, la relation est marquée par un interdit autre que l'inceste, et qui ne peut pas se résoudre dans la question du transfert. (En tant que le désir se fait besoin?)

L'interdit de l'analyse (on pourrait lacaniser : l'interdit!) se trouve dans le plaisir ou la douleur, en tous les cas, dans la reconnaissance du corps. On osera aller plus loin, en disant dans la reconnaissance du corps parlant son désir, ce qui empiète sur les plates-bandes mêmes de l'objet de l'analyse, pour passer à l'acte. L'analyse ne se résout pas à résoudre ce problème de l'échange qu'elle renvoie dans le domaine du non-dit, comme le fait une Église.

Peut-être, est-ce parce qu'elle n'admet pas la transformation du désir en besoin, trop empêtrée qu'elle est dans la question de la dette (rejoignant là aussi l'Église), dans celle de la mort, n'ayant rien trouvé d'autre comme horizon que le développement linéaire ontologique de l'homme (et donc complètement dépassée par ce que l'homme sait aujourd'hui, au temps des astronautes et de la drogue, sur d'autres espaces et d'autres temps, dans la cinétique psychique de l'homme). Le besoin de plaisir s'est objectivé aujourd'hui, en dehors de l'instinct et de la pulsion en tant que forme organisée de valeur de survie possible.

Que l'analyste soit là pour ne pas trouver son plaisir, c'est après tout son affaire et son gagne-pain. Mais qu'en est-il du plaisir de l'autre dès lors que l'analyse postule un tout (au moins le tout dire?).

Certes, par définition, l'analyste s'assume comme autre, mais n'est-on pas au temps de la chosification de cet autre, qui sonne inlassablement le tocsin de la dette?

Ce qui renvoie au savoir, à la mutilation, oblige à faire la fête en solitaire dans la position du pervers.

Le non-dit de la médecine

La médecine, disait Henri Péquignot, est la « rencontre d'une technique scientifique et d'un corps ». Peut-on parler de technique, admettre comme vrai le scientifique, empêcher le corps de parler? Toute définition du médical à partir du médical lui-même tend à ramener le sujet souffrant et sa maladie à un modèle qui, s'il n'était réductionniste que pour pouvoir être opérationnel, serait un moindre mal, mais semble vouloir s'élever à la dignité de vision globale sur laquelle fonder un « Pouvoir » médical, en reléguant ce que peut vivre, ressentir, fantasmer l'homme malade aux magasins des objets sans intérêt, tout au plus justiciables d'une psychiatrisation ou d'une psychologisation (renvoi à un autre pouvoir paramédical) de ce que l'on baptise « symptômes ».

Le discours de la maladie, comme celui du malade, fait bien sûr de l'affection « une chose » extérieure et objective qui prend possession de tout ou partie du corps du patient. Mais dans le même temps, le sujet entretient un rapport subjectif, mi-possessif, mi-câlinant, comme de règlement de compte, avec sa maladie. On le voit mieux d'ailleurs quand il s'agit de malaises psychosomatiques, lorsque s'efface le tracé organique pour laisser place à un sentiment diffus dominé par l'intensité, l'affectif et la durée. Le règlement de compte se déplace vis-à-vis du soignant quand celui-ci, surtout s'il exerce dans l'appareil médical institutionnel, minimise l'intensité de la souffrance, ne prend pas en considération la dimension affective, fixe une durée trop longue ou qui sera dépassée par la réalité du temps souffrant.

On ne peut pas aborder le non-dit de la médecine sans, à partir de cette phénoménologie du vécu intime, de ce temps malade scandé par l'intensité, l'affectif, la durée, remettre en cause la relation qu'a tout homme avec le secret et le sacré. Chassez la superstition, elle revient au galop dès lors que l'on touche à la mort, au vieillissement, à la souffrance. Notre-Dame de Lourdes ou sainte Thérèse de Lisieux ne sont en France que les manifestations institutionnelles et admises d'un modèle que l'on retrouve aussi bien à Caninde dans le Nord-Est du Brésil que dans les transes des Balubas, chez les jeteurs de sorts de nos civilisations ou les Djounouns du Maroc. La raison se divise, éclate, risque de se détruire elle-même confrontée au cancer, à la lèpre ou au sida. Cela ne peut pas se dire, même à soi seul. Le sujet s'épuise dans un combat intime entre raison et passion, combat d'autant plus intime que, historiquement, dans nombre de civilisations, la maladie est fille du péché, que le souvenir est encore fort, dans l'inconscient collectif ou individuel, des pratiques ordaliques visant à l'exorciser et qu'en même temps ces gestuelles de libération et d'exorcisme ont vu leur crédibilité officiellement s'émousser.

Le non-dit essentiel de la médecine réside dans cet ensemble d'adhésions magiques, de superstitions plus ou moins structurées, enfin de jugements de valeur, qui n'ont qu'un lointain rapport avec l'objectivité scientifique dans laquelle se drapent les hommes de l'Art. Comme le dit F. Laplantine, « être malade, être en bonne santé, sont des notions qui regorgent de significations ». Ces significations ne sont pas forcément logiques, apaisées, a-passionnelles, et le sont d'autant moins que la peur, comme la douleur, y jouent un rôle non négligeable.

Le statut de l'homme malade est celui d'un homme infériorisé. Il se vit lui-même mais il est aussi vécu par les autres comme tel, dévalorisé, infantilisé, à demi enterré. L'image la plus classique mais la plus parlante est celle de l'hospitalisé, en pyjama, soumis à des horaires insensés et aux interpellations paterno-maternelles des infirmières, à la morgue du corps médical, de l'externe au grand patron. Il y a des degrés, une hiérarchie dans cette infériorisation, des maladies nobles, d'autres qui ne le sont pas. Hier, le cancer vous excluait avant terme du monde des vivants. Actuellement, certains cancers se portent bien, d'autres demeurent inavouables. Répondant à un non-dit collectif, la hiérarchisation vers l'infériorité évolue au fur et à mesure des progrès ou de l'attention des médias ou de la population touchée. Ainsi, la tuberculose fut une maladie romantique jusqu'au premier tiers du XXe siècle; depuis les antibiotiques, et parce qu'elle est devenue une maladie des pauvres et du tiers monde, elle est quasiment devenue une maladie honteuse. Laplantine souligne d'ailleurs que cette infériorisation entraîne, comme chez les sous-hommes, des attitudes qui vont de la résignation à la résistance. Avec, à l'extrême, une haine du malade pour lui-même, comme il peut exister une haine de soi des Arabes ou des Juifs. A contrario, il existe au sein des équipes soignantes, dans le secret mais aussi dans la connivence, une haine pour certains malades qui ne sont pas de « bons » malades, ou pour certaines parties du corps malade, qui se retrouve sous d'autres formes comme, par exemple, l'obsession de l'infection ou de telle ou telle maladie particulièrement sélectionnée, ou encore plus insidieusement, dans le commentaire diagnostique ou pronostique qui sera plus ou moins pessimiste suivant le type de malade ou la nature de la maladie. Sans atteindre la fuite hallucinée de la maladie ou du corps d'un Céline, l'attitude infériorisante de l'équipe soignante représente la part non dite de la peur-haine que celui-ci a de devenir malade à son tour. L'attitude souvent agressive des sages-femmes vis-à-vis des parturientes est la manifestation excessive des projections personnelles dans ce qui a été longtemps vécu comme une expiation du péché (tu accoucheras dans la douleur) qui pose de plus la question ambiguë, contradictoire pour la femme, du plaisir et de la douleur.

La peur-haine des équipes soignantes a, comme source essentielle, irréductible, profonde, viscérale, intime, la peur de sa propre mort. Liliane Boisseau-Ludwikovski insiste sur le fait qu'en choisissant le métier de médecin, l'homme exorcise sa propre mort par l'objectivation de celle des autres; elle montre le rôle de « l'uniforme », de la blouse blanche, dans cette symbolisation de la différence. De même nature est la mise à distance de sa propre peur devant sa propre folie qu'instaure le psychiatre. Depuis Freud le non-dit se négocie dans la pratique psychanalytique, dans ce compromis qui est le passage possible du rôle de soigné au rôle de soignant. Dès lors émerge un autre non-dit, celui de l'ambivalence du couple médecin-malade, l'un voulant à tout prix soigner, guérir pour vérifier son pouvoir sur la mort, l'autre accroché à un symptôme qui le protège de bien pire, d'un inconnu futur vécu comme redoutable. Le symptôme, loin d'être l'ennemi, va jusqu'à procurer une certaine forme de plaisir (parlons du masochisme dans certaines maladies, pas forcément psychosomatiques : par exemple, des pratiques de grattage jusqu'au sang de certaines personnes).

Peu à peu, on se trouve dans une situation inédite, contradictoire, un jeu dont les règles sont muettes, censurées : en s'occupant d'un patient, surtout gravement atteint, c'est autant de soi que s'occupe le thérapeute qui vérifie à la fois son pouvoir, le fait qu'il ne va pas être atteint, ne va pas mourir et sa supériorité vis-à-vis du malade réduit à l'état de sous-homme. De l'autre côté, le patient se livre aux mains des hommes et d'un système dont il attend le soulagement de ses souffrances, peut-être plus que la guérison, mais qu'il va tromper, narguer, provoquer. On lui demande d'être patient, soumis, vertueux (régimes, interdits, rééducation, limites, etc.), lui, organise sournoisement des lignes de résistance, des positions de repli, concluant à plus ou moins juste titre qu'il est incompris, qu'on se moque de lui (ce qui est partiellement vrai) dans le même temps où, sans qu'il puisse se le formuler, sa demande ne coïncide pas avec son désir dont on sait qu'il est de conserver les bénéfices de sa maladie sans en payer le prix fort, bénéfices non seulement intimes, psychiques, mais aussi tirés de relations plus ou moins sadiques avec l'entourage, les enfants, les parents, les familiers, obligés de prodiguer des soins, des attentions qu'en d'autres temps ou d'autres lieux, ils ne seraient pas disposés à donner. Qui ne connaît pas ces visites forcées à l'hôpital, ces attentes sur des chaises des heures durant dans l'espoir qu'un autre vienne vous relayer? Cette utilisation de la souffrance pour vous faire à nouveau obéir, sans murmure ni résistance? D'une certaine façon, être malade représente une certaine « chance » qui va de soi tant qu'on ne le dit pas, la bienséance venant au secours des haines recuites, des rancunes inavouées. En devenant le destin d'une personne, la maladie autorise bien des choses : l'amour comme le despotisme disqualifie un certain type de rapports, de conventions sociales, autorisant les dialectiques du Maître et de l'Esclave. La dimension affective, toujours présente, ne rend toutefois jamais les situations simples ou claires. C'est pourquoi le non-dit joue un rôle si important dans le rapport du malade à l'autre. Tout ce que nous venons de dire ne s'exprime pas, du moins directement, mais passe par les mimiques, les marques silencieuses (retards ou oublis de visite, ton des paroles rassurantes, regards, yeux qui épient, guettent les réactions, yeux inquiets ou inquiétants, fausses innocences du regard, démenti des paroles par le regard), signes encore émis par le médecin quand il parle au patient, ausculte la pancarte ou déchiffre les résultats de laboratoire. L'acuité de ces échanges est intense, encore qu'elle puisse être masquée par le désir ou le non-désir du malade : désir d'en savoir plus ou d'être rassuré, désir d'ignorer sa dépendance ou, au contraire, son sadisme, retours en enfance bêtifiants qui autorisent le statut de l'assisté et le renforcent pour mieux se protéger. Le non-dit de la partie qui se joue place donc la maladie, le malade, les soignants, dans une guerre de mouvements où rien n'est neutre, ni innocent. Maladie qui est un enjeu au niveau individuel, duel et social. Au niveau individuel, la maladie remet tout en cause et d'abord l'image narcissique de soi, libérant tous les fantasmes, toutes les peurs ou bien les transcendant pour grandir, mûrir, changer. Tous les stades se voient, souvent fragmentés avec des éléments de l'un ou de l'autre, depuis la résignation, la soumission, voire l'abjection, jusqu'à la résistance, la sublimation, l'élévation, tandis que les thèmes, objections, arguments, alternent dans le discours intime avec des phases d'espoir ou de désespoir qui n'ont rien à voir avec la gravité réelle de la maladie. Au niveau duel, c'est le jeu du mensonge et de son miroir, de la séduction, du pouvoir, de la soumission naïve à la dépendance masochiste, d'un rapport où, en dehors de la technicité, même pour la simple blessure, se pose la question de la vie et de la mort.

Au point de vue social, la maladie est l'enjeu d'un pouvoir et d'une puissance le plus souvent occultés, et ce d'autant qu'il y a conflit sous-jacent entre l'intérêt individuel (guérir) et institutionnel (perpétuer, grandir, vendre). Bien que les questions économiques de la santé soient à l'ordre du jour, que les sociétés postindustrielles qui n'ont plus besoin de récupérer les effectifs (définition d'une certaine médecine militaire) se posent la question du coût exorbitant, non rentable, de la santé pour tous, celle-ci a sécrété d'immenses lobbies comme ceux de la construction d'hôpitaux, de la pharmacie, de l'appareillage médico-chirurgical, de la recherche. Là comme ailleurs, il existe des médecines nobles, dans le coup, et d'autres qui le sont moins : la bataille autour du sida illustre, avant un éventuel basculement engendré par la peur, ce point de vue qui voit débloquer d'immenses sommes, se mobiliser mass media, personnalités, institutions religieuses, parce que le non-dit du sida renvoie aux vieilles peurs mal éteintes, touche à la part intime sexuelle de tout le monde et a été récupéré par des lobbies puissants, alors que la maladie de Chagass qui tue des millions de personnes, parce qu'elle est une maladie liée à la misère, à l'ignorance, ne mobilise personne, les riches ne s'estimant pas concernés. Dans ce contexte de pouvoir, l'individu ne compte que comme enjeu. Cela est manifeste dans les congrès médicaux et la chasse aux publications. Le malade peut être glorieux ou devenir gênant (c'est le cas de tout passage à la chronicité). A l'inverse de gênant, il peut devenir utile : c'est le cas de la vieillesse devenue marché, de la peur de vieillir de tout un chacun (d'où l'extraordinaire peur des démences dites séniles, notamment la maladie d'Alzheimer). Le marché médical fluctue, personne ne le dit, en fonction d'intérêts multiples, et l'inconscient collectif est de plus en plus sollicité de peser sur les décisions économiques et sociales.

Pour que l'inconscient collectif puisse fonctionner, il est évident qu'il faut trouver des correspondances dans la démarche, les besoins individuels, qu'ils soient de peur ou d'espérance : la maladie est présentée, se présente comme une ennemie qui, bien avant la mort, met en jeu un idéal peu à peu façonné : la santé. Or, la santé, en tant qu'absence de souffrance, ne suffit pas; le modèle se complète d'une dimension esthétique qui est tue en général (ou au contraire surinvestie dans la chirurgie dite « réparatrice »). Cette présence de l'esthétique est liée à l'obligation de norme qui fait de plus en plus partie de notre conditionnement psycho-affectif communautaire. La marginalité elle-même devient normative avec ses règles, ses statuts, sa géographie. Le champ de la médecine est plus que tout autre celui de la normalisation autour de trois éléments essentiels : la souffrance, la vieillesse et la laideur. Placés au cœur de l'appareil de soins, y compris de l'organisation de son architecture : ainsi, de la place réservée aux vieux, aux chroniques, de plus en plus excentrique soit à l'intérieur de l'hôpital, soit à l'extérieur, isolée peu à peu du reste des vivants. Ceci entraîne un autre non-dit sur lequel est fondée la thérapeutique. Il faut qu'elle agisse vite (dans la normalisation, le temps thérapeutique joue un rôle important pour l'exclusion : il faut aller vite, réagir vite, sinon on devient « chronique », donc éliminé). Les traitements de pointe, les techniques chirurgicales, biologiques, électroniques modernes ont, autant que l'ambition de guérir mieux, l'objectif de guérir vite; la thérapeutique est comme une division blindée dans la guerre de mouvement : agressivité, attaque frontale, massive. Les antibiotiques illustrent parfaitement cette stratégie; l'hyperintervention est la règle consensuelle entre le patient et l'appareil de soins. Si le patient veut autre chose, il doit tricher, renoncer à se faire soigner ou accepter; pas important dans la dévalorisation, d'être considéré comme un « psychique ». Notons que préconditionné comme il l'est, soumis à un idéal du Moi, jeune, beau, sans tares, il est la plupart du temps d'accord ou résigné. Les techniques comportementalistes, elles, sont là pour mettre au pas tout ce qui, maladie ou pas, est hors norme, les conduites, comportements, étant réputés négatifs ou positifs. Lorsque la maladie ne peut pas être traitée vite, la récupération exige au minimum l'alignement sur certaines normes.

Dès lors, le sujet sait ou pressent, avant même d'être malade, qu'il va entrer dans un univers où l'appareil est à sa disposition mais où, en fait, il est tout autant à la disposition de l'appareil. Cette notion fondamentale, il a intérêt à ne pas l'oublier car son confort psychologique, voire sa survie, dépendent plus ou moins de son adaptation à la marche du système. On assiste ainsi à la création d'une véritable « nomenklatura » avec recommandations, filières, privilèges, choix des prothèses. Ce système repose sur une certaine loi du silence, fonctionne tant bien que mal, mais explique en partie que tant d'exclus de la Médecine officielle, à leur tour, créent, soutiennent, adhèrent à des médecines parallèles, des gourous, des superstitions. (Jusqu'à l'Église officielle qui maintient en service ses exorciseurs.) Ces mêmes exclusions suscitent des déviances, des concurrences, des sous-spécialisations qui ont pour mission de préserver le crédit de ceux qui ont trouvé un nouveau créneau et de maintenir des patients dans un réseau institutionnel qui ne rejette pas la norme. Prennent place actuellement dans ce nouveau réseau les multiples variantes de kinésithérapies, ostéopathies pour le corps, ou pour l'esprit, les diverses psychothérapies et autres thérapies familiales. Là où la parole ne peut pas passer s'organise un autre langage du corps, une autre parole tout autant quadrillée parce que appartenant à une conception systémique. Le hasard, l'affectif, l'émotionnel aigus n'ont de place que s'ils passent par la moulinette d'un réductionnisme aseptisant. Même la folie s'analyse au sens freudien du terme, ou, si elle ne le peut pas, entre dans un moule, qu'il soit neurobiologique ou sociatrique. Paradoxalement, la folie entre aujourd'hui totalement dans une conception normative, rejetant à l'extrême de la santé les marginaux pour qui se pose l'alternative « punir ou guérir ». On le voit avec le transvestisme ou les toxicomanes, qui secouent tant la notion de maladie ou de santé.

Car le non-dit de la médecine, c'est cette course poursuite entre le démiurge qui veut tout contrôler et la créativité de l'homme, y compris dans la maladie. Le médecin entend tout expliquer, avoir au sens propre le droit de vie ou de mort. Dans son Magnificat il envisage le bonheur suprême par la santé, littéralement déifié, qualifié par l'O.M.S. comme un état de bien-être physique et moral. Il en fait un but social en soi même si pour cela, le coût étant trop lourd, il faut que s'organise la ségrégation, que réapparaissent des intouchables au cœur même des démocraties. L'homme, lui, rend virulents des virus animaux relativement inoffensifs, gère la folie sous d'autres formes, réinterroge sa sexualité non seulement par le sida, mais par le questionnement sur ce qui est normal, naturel, ce qui ne l'est pas, se suicide malgré ou à cause de la Sécurité sociale, découvre la solitude sans le gâtisme ou, au contraire, l'Alzheimer en pleine maturité. L'homme témoigne encore, toujours, d'un destin qui n'est pas réductible au modèle animal, qui invente les maladies de société là où la biologie, où la génétique se voulaient triomphantes.

Le divorce est prononcé d'emblée car l'image que se fait la médecine du patient avec ses maux ne correspond nullement à l'image que se fait ce patient de ces mêmes maux et de son thérapeute. On ne traite pas les images, pourtant ce sont elles qui sont constamment mobilisées dans le déroulement d'une maladie. Images d'autant plus prégnantes que la règle implicite veut qu'elles ne puissent pas se formuler, en tout cas pas dans l'intensité de leur charge affective. (Les techniques d'expression verbale des psychothérapies de groupe, de type Gestalt, elles-mêmes font exprimer à leurs « adhérents » plus de sentiments ou de sensations ici et maintenant que le capital affectif emmagasiné au long cours par les patients. Quoiqu'elles prétendent tout dire, elles sont codifiées, canalisées, censurées par le meneur et la règle du jeu!)

Ces images ne sont pas magiques ou superstitieuses, elles ne sont pas de simples adjuvants. Elles sont le corps de la personnalité du malade fusionné avec son mal. Elles renvoient la technique et le causalisme à ce qu'ils sont : un mal réductionniste nécessaire à une pratique, la moins mauvaise, à l'étape historique actuelle, mais qui, dans son historicité même, se confond avec le mal absolu de notre modernité : misère de la morale, de l'éthique, solitude mercantilisée, mort aseptisée mais combien terrifiante puisqu'elle a perdu tout sens, dieux sur ordonnance, fin des mystères ou de la poésie. Nul ne peut dire que la médecine ou les médecins sont mauvais en soi, mais le mouvement pervers du pouvoir dans l'efficacité a créé, crée tous les jours, une médecine-Dieu qui vit de plus en plus sur elle-même, pour elle-même, avec ses dogmes et son culte.

Cela se dit, cela s'analyse en termes économiques, anthropologiques, sociologiques, moraux. Cela se dénonce en récits outragés ou meurtris. Mais il n'empêche, à l'heure prévue, solitaire, nu, petit, chacun, un jour, se trouve confronté avec l'épreuve, ses exécutants, sa mise en scène.

Il faut ici écrire intimiste, cerner au plus près les détours, contradictions, peurs, reconnaissances, que mérite un tel trajet. Il faut débusquer la différence impalpable entre le dit et le non-dit, le ressenti, avant même qu'il ne soit formulé, la pudeur considérée comme une chose sans importance et qui, pourtant, empêchent plus souvent qu'on ne le pense des malades de se faire soigner à temps. Puis le sentiment de culpabilité qui les envahit quand le thérapeute leur reproche leur négligence, la crainte indicible qu'ils ont d'être sanctionnés de leur faute, crainte renforcée par les murmures, grommellements, ironies ou pire, airs accablés de médecins et autres chirurgiens « qui ne peuvent plus rien garantir ». Au-delà de la pudeur, les ruptures d'intimité, les dévoilements de laideurs secrètes, de disgrâces véritables ou fantasmées, sont là, alors même que l'on attend la parole de réconfort qui ne vient pas ou qui vient mal. Plus que tout, la douleur, en soi, la petite qu'on n'ose même pas évoquer, la grande, la cancéreuse, l'insupportable, qui ronge, mine, celle qui vous dévore tout vif, vous incline à accepter n'importe quoi alors que l'autre, tout-puissant, inaccessible même s'il est la bonté même, ne peut ni ne veut dépasser ses limites, car il « sait » que cette douleur est « naturelle », « obligatoire », va passer, ou bien, hélas, est au-delà de toute ressource jusqu'à l'exeat. Douleur dont on a pu faire croire qu'elle était un don du ciel, alors que le plus croyant des croyants abandonne là son Dieu, tout en étant suffisamment conditionné pour ne pas oser le dire, ni même se le dire.

La douleur pose – avec quelle brutalité! – la question du Sacré, de la maladie, de la guérison. Mais si, comme le souligne François Laplantine, en Occident depuis Galien, la maladie est le mal absolu, même si l'Église prend ses distances avec la maladie-rédemption, au fond de l'intime conviction de beaucoup d'individus, la maladie sublime, exalte, enrichit parce qu'elle est vécue comme une épreuve ordalique, plus ou moins inspirée par les dieux, qui permet à l'homme de triompher d'une certaine animalité. L'homme est en mission dans son mal, qu'il peut d'ailleurs vivre comme la sanction des fautes commises ou fantasmées. Le travail réparateur n'est pas la fin de la maladie, mais l'ascèse, l'élévation, le dépassement qui permettront peut-être la fin du mal, mais aussi une délivrance plus haute.

Tout cela est ambigu, contradictoire, dans notre société moderne. Peut-être le plus terrible des non-dits est l'hésitation constante des individus entre l'adhésion à une conception scientifique de la médecine (qui fait souvent ses preuves) et, au contraire, la dérive, furtive, secrète, plus ou moins honteuse, vers les guérisseurs du corps et de l'âme, le retour du signifié archaïque qui vous envahit, dont on a peur, d'autant qu'il est exploité par tant de charlatans, bateleurs, faux gourous, scientistes à habillage religieux ou vrais religieux qui ne s'y retrouvent pas eux-mêmes. Il est évident que moins les causes scientifiques du mal sont claires, moins le pouvoir médical peut soulager les souffrances ou assurer la guérison, plus le signifié archaïque réapparaît, s'installe, gouverne la raison. La contrepartie de la toute-puissance affichée du pouvoir médical est l'exigence rapide, instantanée de l'application d'un traitement de pointe, avec pour corollaire une guérison immédiate, si possible indolore. Ici intervient le jeu subtil des culpabilités croisées qui font que, dans le retour d'une pensée sauvage, le thérapeute est rendu coupable de la maladie au même titre que le météorologue peut l'être du mauvais temps. Plus loin encore, le sentiment s'impose toujours, plus ou moins censuré, que le thérapeute, non seulement n'est pas bon, mais est par surcroît maléfique, hostile. Le sujet essaie de combattre logiquement ces sentiments, notamment parce que le thérapeute, bon ou mauvais, détient le pouvoir institutionnel, de la prescription des médicaments à l'indication d'une hospitalisation. Demeure toutefois l'ambivalence réticente et non dite du sujet qui se fie à son instinct, aux « racontars » de l'entourage, aux conseils. Dans le tabou de la santé, ces « racontars », ces conseils, occupent une place immense. Ils participent au climat général de chaque décision, valorisent tel homme, telle institution, telle méthode, en discréditent d'autres. Le non-dit est ainsi alimenté par une rumeur occulte. D'elle dépendront bien des choses, en particulier le rôle thérapeutique que joue le malade vis-à-vis de lui-même.

Ambivalence, signifiés archaïques, dépendance admirative ou haineuse, représentent les formes modernes mais dégradées des systèmes de croyances qui ont présidé autrefois aux rapports du corps et de l'âme, du temps que la maladie était perçue comme un châtiment. Elles sont aussi le contrepoids à une représentation de l'homme comme machine qui doit être réparée ou jetée. Jetée du moins par l'appareil médical qui trie les sujets dignes d'intérêt et les autres (les « chroniques », les hystériques...). Riche ou pauvre, puissant ou humble, chaque homme sait qu'il va mourir. Chaque dol, chaque maladie seront vécus comme une épreuve, victoire ou défaite devant l'inéluctable échéancier. Cette guerre a ses succès, mais l'issue finale est connue. Tout le problème est d'aménager au mieux l'état de guerre personnel pour arriver à l'échéance, le moins mal, le plus tard possible. Là où les dieux ne jouent plus leur rôle, l'imaginaire bâtit d'autres dieux dont le moindre n'est pas celui de la toute-puissance médicale. A voir l'importance colossale des budgets Santé, particulièrement dans les disciplines de pointe qui n'intéressent numériquement qu'un nombre restreint de patients alors que, par ailleurs, famines et épidémies continuent de sévir, il est possible de concevoir qu'il s'agit autant d'exorcismes que de soins, de volonté, non dite, d'être aussi fort que Dieu, d'atteindre l'immortalité, de rendre réel le fantasme, bref, d'annuler sa propre mort.

Cet état de non-innocence ne peut évidemment pas être dit dans la pratique du quotidien. La relation médicale y est, comme le dit Balini cité par F. Laplantine, le « résultat d'un compromis », opératoire tant que des victoires sont remportées ou tant qu'il s'agit de « vraies » maladies repérables par leur conformité aux modèles médicaux. Ce compromis cesse de l'être, totalement ou partiellement, dès lors que dans l'imaginaire des uns comme des autres les défaites suivent les succès. Il faut vivre ce que les psychanalystes appellent le contre-transfert, qui n'existe pas seulement dans leur spécialité, pour mesurer le poids de haines recuites, de rancunes, de mises à distance progressives, de rejets qui s'accumulent dans de telles relations médicales.

Est-ce pour se rassurer, pour mettre à distance? Est-ce inéluctable? Le processus de médicalisation exige toujours un stade de dépossession (d'infériorisation avons-nous déjà dit) d'abord individuel puis social. Cette dépossession a un discours officiel : nécessités techniques, obligations économiques. Mais, de même qu'au siècle dernier, Parchappe mettait en pratique, dans le plan des hôpitaux psychiatriques, la marche inéluctable des patients aigus vers la chronicité (les chroniques étant relégués dans les pavillons les plus éloignés, proches de la morgue!), de même le discours officiel aujourd'hui masque mal la nécessité fantasmée d'éloigner ceux qui ne correspondent pas non seulement aux normes de santé, mais peut-être tout autant aux normes de la beauté, de la jeunesse, d'une certaine esthétique de la convivialité.

Le non-dit est alors, au-delà de l'angoisse de mort pourtant si prégnante, au-delà de la peur devant la souffrance pourtant si légitime, dans une autre crainte : celle de l'exclusion de la communauté des vivants, celle d'être désigné comme la victime expiatoire des fantasmes du groupe social qui mandate un nouveau clergé pour procéder au sacrifice. Au Moyen Age la lèpre, dans les temps modernes la folie, aujourd'hui les toxicomanes, demain les « sidaïques »?

Le non-dit de la science

Quel rapport un discours intimiste entretient-il avec la science, sinon que l'angoissé, le laid, l'androgyne, le mortel, a besoin d'une loi pour assumer sa vie, quand, en l'absence de Dieu, il se tourne vers une vérité qu'il veut objective, à laquelle il assigne une mission d'expliquer le Monde, son monde, de lui donner sens, de lui faire croire (sinon en jouir) au progrès permanent, donc à l'immortalité possible?

Le premier non-dit de la science en tant qu'imagerie d'Épinal est bien celui du bénéfice personnel, intime, que chacun espère en tirer par rapport à la maladie, à la souffrance, à la mort. Il n'est qu'à voir la résurgence des grandes peurs ancestrales à propos du sida pour mesurer combien la médecine surinvestie proclame sa toute-puissance, et refoule l'angoisse mortifère de tout un chacun. La médecine, dira-t-on, n'est pas une science exacte : pourtant l'affaire du sida éclate en pleine époque de rigueur génétique, celle-là même qui tend à donner à la médecine son statut de « vraie science », flanquée de ses appendices biologiques, chimiques, physiologiques, cellulaires et infracellulaires. Le rapport intime de tout homme avec cette médecine exacte a bien changé dans les dernières décennies. L'homme (occidental à tout le moins) a cessé de se préparer à sa propre mort, attendant de la médecine bien plus qu'il n'en dit, car celle-ci laisse entendre en sa toute-puissance qu'elle peut (presque) tout.

Cette toute-puissance orgueilleuse est le deuxième non-dit de la science. Nous assistons à une véritable prise de pouvoir idéologique par des scientifiques disposant du droit de vie et de mort sur les autres hommes. Le progrès devient l'alibi idéologique des aventures les plus incongrues, des manipulations faites en vertu du droit imprescriptible à la recherche, du devoir d'aller de l'avant. Les « sciences » humaines, si peu scientifiques en elles-mêmes, emboîtent elles aussi le pas aux sciences exactes et entendent bien (frôlant souvent le ridicule scientiste), s'ériger en sciences objectives pour être reconnues et revendiquer leur part du pouvoir. L'ultime avatar est celui des psychiatres qui se précipitent sans culture aucune dans ce qu'ils baptisent les neuro-sciences, accumulant graphiques, diagrammes, courbes et statistiques, ce qui serait risible s'ils ne l'imposaient pas à l'homme malade ainsi privé de son imaginaire, de son aventure individuelle, de sa liberté, s'ils ne frappaient pas toute pathologie du sceau d'un déterminisme d'autant plus redoutable qu'il n'est soumis à aucune critique, ni à aucune rigueur. Non-dit du non-dit, clé de voûte de l'édifice, revanche éclatante contre l'immense peur qu'a fait naître la psychanalyse : ce qui est interdit, exorcisé avec rage et haine, combattu avec la foi et la force des moines soldats, c'est tout ce qui, de près ou de loin, a à voir avec le désir, la perversité, les pulsions et l'imaginaire, bref tout ce qui différencie l'homme d'une machine physico-chimique ou de l'animal, ce qui fait la part d'irréductible humanité, bref de liberté.

Dès lors, se mentant plus ou moins à lui-même, comme il a créé Dieu à son image, l'homme érige la science en fétiche, auquel l'unit le lien indestructible destiné à éviter l'angoisse de mort, mais également Œdipe, l'inceste, la castration, tout ce qui, phobie ou poésie, névrose ou symphonie, échappe au discours de la causalité linéaire, à l'inerte sans ruptures, aux flux, chutes et torrents qui défient le réductionnisme positiviste.

Le troisième non-dit est, en effet, le refus de l'écart entre la méthodologie obligatoirement réductionniste des sciences pour parvenir aux résultats objectifs, concrets, et la démarche nécessairement non réductionniste d'explication du monde, de compréhension de l'incompréhensible, de conception de la culture, des civilisations, de l'imaginaire, voire de la maladie, refus qui permet de soumettre l'anthropologie, l'ethnologie, l'ethnographie, la psychologie, d'autres encore, aux lois qui canalisent en apparence la mathématique, la physique ou la chimie, faisant ainsi l'impasse sur le non-su, le hasardeux, les effets pervers, les nouvelles inconnues que portent et génèrent à chaque découverte les sciences dites exactes. Accumuler des stocks de connaissance n'est pas désintéressé, ni sur le plan du pouvoir ni sur le plan de l'idéologie qui autorise cette prise de pouvoir, mettant sur le compte d'un non-savoir provisoire l'irréductible spécificité vivante, en tous les cas humaine. Alors que le blanc, l'espace, la non-connaissance relèvent tout autant de la science que ce qui est formalisable, vérifié par l'expérience. Expérience qui « oublie » qu'elle est mise en scène par des opérateurs humains, formulant à priori un but, des objectifs, qui sont déjà atteints dès lors que l'hypothèse est formulée. Le non-dit des scientifiques réside de fait dans le « déraisonnable » de telles attitudes au destin desquelles président d'abusives simplifications alors qu'elles apparaîtraient ni plus ni moins que scandaleuses dès lors qu'elles s'exerceraient dans d'autres champs. L'ambiguïté réside dans l'informulé plus ou moins volontaire de ce qui ne sera pas posé en termes d'équations, de formules, de causalité, rapport constant et nié avec l'irrationnel dont le rejet souvent violent masque mal une intimité plus ou moins acceptée, dissimulée derrière un discours de plus en plus abstrait ou formel qui tend à exorciser le non-sens, marque d'ouverture d'un ailleurs. L'ailleurs en question est déiste, vaste ensemble de mythes et de mythologies, admettant un présent organisateur du cosmos, donc de la singularité humaine, ou psychologiste reconnaissance d'un inconscient et d'un imaginaire dont les clefs ne sont ni dans une super-cybernétique, ni dans les modèles de cerveaux ou d'intelligence artificielle, encore moins dans un patrimoine génétique censé pouvoir expliquer le talent aussi bien que la folie (le support physico-biologique, arc-boutant d'un pont, n'a qu'une relation de contiguïté et non de continuité avec les fantasmes, avec Éros et Thanatos).

Le non-dit scientifique refuse l'existence à ces « exigences impossibles » dont parle E. Levinas, dans le même temps où il se confronte avec elles. Blessure secrète portée par tout homme de science en son flanc que la possibilité d'une pensée autre qui n'a pas à se justifier d'exister, en tous les cas d'exister ailleurs, qui n'oblige pas à adhérer, à intégrer un système conceptuel défini une fois pour toutes. Comme le dit Henri Atlan : « Le réel n'est pas vrai, il se contente d'être. » Le refus obstiné du réel en tant que différent du vrai, organisé comme une défense au sens psychopathologique du terme est peut-être l'élément consubstantiel de la démarche scientifique actuelle. Fiévreusement apeurée à l'idée d'entrer dans l'univers d'une « Déraison » qui renvoie au monde intime de chaque scientifique et pose inéluctablement la question du choix personnel, de l'obligation pour chacun de se référer à une loi. On peut comprendre ainsi combien la question de l'esthétique (peut-être dans une moindre mesure celle de l'éthique, nous y reviendrons) est véritablement évacuée par le discours scientifique, alors même que se pose le problème de sa gratuité. L'esthétique témoigne, bien plus que le chaos ou le hasard, de cette collision entre l'explication de ce que chacun d'entre nous peut expérimenter (le beau, le laid, l'harmonie, le rythme, l'émotion) et ce mystère du passage du quantitatif au qualitatif, de l'extériorité à l'intimité, de l'universel à l'individuel, de l'objectif à l'halluciné, à la fois communicable et non communicable, système et hors système. Esthétique qui n'est pas foi, adhésion de l'âme, mystique, mais participe à la fois de la raison et de la non-raison sans être toutefois déraison. « Avant d'avoir bu du bon vin, nul n'a goûté le vin, donc ne le sait, n'a aucune chance de le savoir jamais », dit Michel Serres, soulignant ainsi l'être même du goût, ce qui sépare le vécu, le ressenti, même s'il est marqué culturellement, d'avec le raisonné, l'analysé, le formalisé. Même l'œnologue le plus distingué, le dégustateur le plus raffiné ne pourra jamais, d'aucune façon, transformer ou contrarier la rencontre de tel homme et de tel vin pour l'organiser dans un système d'ordre, fût-il un système ouvert. A la différence de tout système, même symbolique, une telle rencontre témoigne du plaisir, de l'émotion, de l'instantané fulgurant où se télescopent discours et non-discours, reconnaissance et découverte unique, première, à chaque fois recommencée. Que pourrait-on dire lorsque enfin l'esthétique rencontre l'expérience intérieure, que se pose à chaque homme la question du salut ou de son absence, du hasard et de la fin de tout espoir, en somme la question entre naissance et mort, du temps vécu, du sens, la peur folle, archaïque, animale, devant le non-sens. Paradoxe que de buter sur le vécu de son temps, à la fois indicible et dicible en son for intérieur, tout en restant irréductible à sa propre, unique expérience, incertaine quant au sens, solide comme du roc quant à son existence.

Ce n'est pas faute de moyens que l'homme achoppe sur l'extraordinaire de l'homme : non seulement il bénéficie des

« progrès » des sciences fondamentales dites exactes, mais de plus il a créé dès la fin du XIXe siècle les sciences de l'homme – sociologie, psychologie, psychiatrie, ethnographie, ethnologie, anthropologie – nées de la même volonté de canaliser ce qui est humain dans des systèmes d'ordre, de traquer jusqu'à l'extrême l'ineffable. Ce mécanisme est au plus cru dans la recherche linguistique, chaque linguiste cherchant la clef de ce qu'il peut rencontrer en lui, qu'il ne peut pas traduire, sauf de manière réductionniste, dans des arrangements séquentiels du langage plus ou moins symboliques. Ceux-là expliquent tout sauf l'essentiel : le réussi ou non d'un poème, l'émotion mélodique à l'écouter, la « saudade » romantique le soir d'une promenade entre chien et loup. Lorsque ces moyens s'épuisent mais que la question de l'être reste là, lancinante, non pas sous la forme philosophique d'une interrogation sur l'être de ce qui est, mais sous la forme immédiate et vécue de l'être sensible, c'est le discours intérieur, l'échappée ailleurs, le doute, le petit garçon et ses contes de fées, qui reviennent au galop, dans une sorte de magma plus ou moins fusionnel rythmé par des allers-retours, des télescopages entre l'instinctif et le discours, l'affectif et le démontré. Le non-dit redevient un outil qui utilise l'arme de la subjectivité – sans cette censure que le sujet s'impose dès lors qu'il est en attitude expérimentale – tout en organisant une certaine cohabitation avec le discours de la raison, mais dans un tout autre registre, celui d'une confrontation tourbillonnante, dans le désordre, le tohu-bohu, l'instabilité. Parfois, de ce tourbillon va émerger une intuition fulgurante, à la base d'un nouveau progrès. Le non-dit sera alors une fois de plus censure, tant ce tumulte marqué de l'illumination apparaît comme peu respectable et peu rigoureux.

Autrement dit, il existe des tendances a-scientifiques, ou même anti-scientifiques chez chacun d'entre nous, même chez le plus pur des chercheurs. Lorsque celles-ci sont mystico-religieuses, il y a arrangement, compromis à l'amiable la plupart du temps. Cela cesse dès lors que la rationalité est mise à mal par l'imaginaire, quand le refoulé revient en masse, irréductible à un discours organisateur. Là il ne peut plus y avoir deux discours en parallèle. Personne ne peut plus comme Pasteur fermer son oratoire quand il ouvre son laboratoire, et inversement. Il y a choc inéluctable entre deux vérités contradictoires, l'une s'affichant en évidence, tandis que l'autre trie, contrôle, recherche incessamment des preuves, fait rempart contre l'angoisse de mort, l'angoisse d'être vulnérable en l'absence d'une maîtrise raisonnable du réel, d'un arraisonnement du réel comme dit Heidegger.

Dès lors, l'interrogation est permanente, le questionnement est lancinant de ces mécanismes obscurs, mystérieux, qui créent, non le rêve mais son contenu, non la folie mais le thème du délire, non le mécanisme symbolique de la poésie mais bien ce qui, dans le rythme et la musique du verbe, scande l'émotion intuitive, l'immédiat d'un autre sens.

Il ne peut pas y avoir de réponse autre que d'admettre que le contenu du rêve, le thème du délire, la scansion du poème, ont une réalité en soi, qui procède d'une autre vérité aussi vraie que celle considérée comme la *vérité,* à l'aune de l'expérimentation ou du théorème. Discours inaudible, écoute impossible, qui pourtant se perpétuent, se dépassent, se cherchent, s'annulent pour recommencer ailleurs et là, sans trêve ni repos. Certes des scientifiques expliquent même cela, allant de plus en plus souvent du formel à l'informel, des circuits clos aux circuits davantage ouverts. Ils n'arrivent néanmoins pas à nous dire, à se dire pourquoi tel individu est poète, jusqu'à la mort, à en être fou (ne parle-t-on pas des auteurs « méconnus »). Et pourquoi d'autres ne le sont pas, pourquoi tel aime Lully, tels autres Coltrane, les Beatles ou Lalo? L'expérience du corps humain, de son développement là encore n'est pas réductible même au seul développement du langage tant il y a individualité du vécu, y compris à partir de la chair. C'est d'ailleurs par la chair, l'individualisation du plaisir, le dépassement de la sexualité à seul but reproductif, l'érotisation permanente des rapports, y compris les rapports d'extase, que se marque le plus le dépassement par l'homme, d'une manière imprévisible, des systèmes dans lesquels on le veut enfermé, même si on peut dégager pour le groupe humain pris de façon globable des ensembles d'éléments en relation codifiée. Simplement, en définissant l'homme par ces ensembles, on ne sait toujours pas de quoi on parle, l'arrogance scientifique rejoignant celle du scientisme positiviste ou du « progressisme » anthropologique du XIXe siècle. Elle ne peut que contester ce qui habite le sensible, précède le langage en tant qu'organisateur du sens. Citons encore Michel Serres quand il dit justement : « La musique sous le langage, universellement sous les langues, support physique et condition, réside sous le sens et avant lui. » L'embêtant pour la science, c'est que la musique, la poésie ou la folie, n'ont pas de sens et ont tous les sens, y compris celui du secret et celui du faux sens, « chiffre à double sens, un clair où il est dit que le sens est caché » (Pascal). On pourra avancer, comme le fait H. Atlan, que « l'expérience sensible en tant qu'accès au réel par les voies de la sensation n'est pas rationnelle en elle-même, car cela voudrait dire que le réel sensible est rationnel lui-même, ce qui est l'illusion que lève la physique moderne ». On n'aura fait alors que déplacer la question : dire que le sensible n'est pas rationnel n'enlève pas un iota de réalité au sensible ni ne réduit l'écart du vécu et du formalisé. Au contraire, la distance n'en est que plus marquée, sans pour autant que le sensible en soit disqualifié, ni le rationnel lavé du soupçon d'avoir secrètement partie liée avec le sensible, d'être en tout cas impropre à le dissoudre ou à le remplacer. Il faut beaucoup de sagesse, de savoir ou d'innocence pour admettre qu'un cadre conceptuel n'est qu'un cadre conceptuel, n'est pas toute la « logique du vivant », mais relève d'une conception du monde limitée par hypothèse. Là encore, risque de se glisser un malentendu qui revient constamment : il y a une différence essentielle entre celui qui admet l'existence de cadres conceptuels et les principes de limitation comme méthodologie réductionniste, mais ne désespère pas d'ouvrir les portes de la connaissance des mondes, et celui qui admet ses limites, l'existence du non-explicable, d'une certaine absence de pouvoir. Il n'est pas rare de voir dans le même individu, puis dans la même discipline, ces positions coexister en un débat intérieur d'autant plus difficile que les « progrès » concrets, immédiats sont là pour inciter au rêve ou à la dérive.

Dérive qui situe en profondeur un autre des principes du non-dit, celui de l'éthique; non pas l'éthique de « masse » qui marque le consensus à une étape donnée de l'Histoire, pour la communauté conviviale, mais l'éthique secrète, cachée, intime, qui fait donner le coup de pouce à une démonstration hésitante, à une expérience pas tout à fait concluante, à un exposé de résultats un peu tronqué, mû par le désir d'être le premier, aujourd'hui aggravé par la célébration mass-médiatique. Le plus souvent, il ne s'agit pas de malhonnêteté, mais puisqu'on a l'intime conviction qu'on est dans le vrai, d'une espèce pervertie du sentiment du devoir.

Ce débat éthique n'est que peu de chose à côté de celui bien plus grave qui concerne le pouvoir de l'homme sur l'homme. Le père de la bombe atomique, Oppenheimer, en a posé crûment les termes en se suicidant quand il a compris sa responsabilité vis-à-vis de l'humanité. A un degré moindre, tout chercheur se pose (ou devrait se poser) ce type de questions qui atteignent aujourd'hui des dimensions folles : pour ne citer que quelques exemples, l'avenir de l'humanité est engagé sur le plan individuel par les manipulations génétiques, les possibilités de clonage, les différents types de fécondation ou de greffe entre espèces, les manipulations sur les embryons ou encore l'utilisation des substances hallucinogènes, des stupéfiants modernes, synthétiques de deuxième, troisième, quatrième génération. En d'autres termes, l'affirmation qu'il existe des sciences pures ou que la science n'est ni bonne ni mauvaise ne tient pas la route, car nul ne peut être dégagé des responsabilités de ce qu'il enfante. Chacun mesure le progrès accompli depuis le temps où l'homme était soumis au chaos de la nature, mais nul n'ignore plus le danger à venir d'une nature soumise au chaos de l'homme. La science déracine tout, y compris le langage (M. Serres), sauf le langage intérieur, refuge individuel de l'honneur, de la subjectivité, de la vérité. L'intime sait plus qu'il ne parle : gorgé de sciences (comme l'est la chair) au sens réel, comme au sens figuré, il sait tout autant la peur, les limites, le secret des mythes, la magie, les blancs dans les certitudes. Il sait surtout l'orgueil de l'homme, ses limites, son cynisme âpre mais tout autant son honnêteté, sa morale, son humilité. L'intime a un savoir qui n'est pas le savoir de la science. Il n'ose pas trop dire ce qu'il ressent, ses peurs : surtout s'il s'agit de l'intime d'un chercheur, M. Serres nous apprend que, par la faute des sciences, les langues s'effritent devant les langues de bois et que l'intelligentsia a chassé les poètes. Reste ce rapport ineffable de la mémoire, de l'expérience de soi, du petit garçon, trésor du non-dit. Le non-dit est un contre-pouvoir. Si les sciences ont saisi le rapport vrai du langage à la réalité, elles l'ont, dans le même mouvement, réifié, chosifié, ne laissant à l'émotion que l'enfouissement du secret (et du sacré : d'où le retour du religieux). Dès lors, c'est à l'émotion, comme à l'esthétique, c'est-à-dire à ce qui ne devient pas système, ordre et équilibre, que l'éthique demande ses armes. On ne sera pas surpris de la trouver, face à tant de pouvoirs, si désarmée. Pourtant, à l'exception de quelques cas, il ne vient à l'idée de personne de mettre en cause la « pertinence » de la démarche éthique, alors même qu'elle semble s'opposer à la « pertinence » de la mise en place des systèmes scientifiques. Entre émotion et pertinence, archaïsme et progrès, morale et société, droit à la marge et normativité, il n'y a que peu de place pour les joies et la sérénité dans le débat intérieur de tout un chacun. L'homme vit, ressent, vérifie en soi la contradiction, le contraire de la logique, il reçoit comme évidence l'indécision, ce qui est contraire à une théorisation globale. Si tout le monde peut s'accorder sur une méthodologie réductionniste, un schéma modulaire réductionniste pour avoir prise sur l'événement, il revient à chacun de se confronter avec cette « chose » si peu scientifique qu'est l'image idéale du moi pour en tirer les conséquences, notamment éthiques, calculs ou codes ne pouvant jamais remplacer la caresse de l'estime de soi. C'est alors que, comme le dit M. Serres : « Présentes, absentes, les sciences s'oublient dans le sujet qui, désormais, sait. » Ce savoir intime change le statut du savoir scientifique qui doit composer avec la mémoire de l'humanité, rendre, même à la magie, l'hommage qui lui est dû, apprendre la modestie, la convivialité, nuancer enfin les certitudes du langage, peut-être dépasser la philosophie des sciences pour revenir à la philosophie, surtout peser toutes ses responsabilités vis-à-vis des autres hommes.

Or, nous savons que le savoir scientifique repose sur un discours de non-contradiction et sur le principe de causalité; il ne peut même pas envisager un savoir et un discours différents, de sorte que l'autre est renvoyé à une « réalité délirante ou onirique » (H. Atlan). D'ailleurs les sciences actuelles se font fort d'expliquer le délire ou l'onirisme. Le non-dit, surtout celui de la morale ou de l'éthique, ne peut pas être considéré comme délirant ou onirique, la mémoire du monde est trop puissante pour permettre cela. Dès lors, nous nous trouvons devant le phénomène inouï d'une certaine clandestinité d'une partie du réel. Ce qui existe, mais ne peut trouver sa place dans le discours logique, apparaît comme censuré, au mieux comme inférieur, renvoyé avec mépris au statut des sciences sociales et humaines, dont tout le monde sait que, malgré leur lutte éperdue pour une reconnaissance, elles sont tout sauf scientifiques. Faute de prouver l'impossibilité de la mémoire du monde et de l'image idéale du moi, l'autre non-dit, celui de la supériorité des sciences et des scientifiques, s'organise pour le refouler, le néantiser, l'inférioriser ou, beaucoup plus subtilement, le récupérer sous forme de méthodologies appliquées au champ social, en réserve de nomenclature, d'explications plus conformes. Il existe, bien qu'elle soit rarement formulée, une tentation totalitaire, masquée par la conception totalisante, qui imprègne les systèmes d'éducation, de communication, de scolarisation, a même intoxiqué la démarche philosophique, la conception de l'histoire à un point tel que, lorsque le mythe s'écroule (notamment par le sida), c'est toute une société qui se trouve sans défenses, déverse son non-dit refoulé de pensée magique, de monstres, de mythes, de punition divine, de châtiments, contre la sexualité « anormale », dans un télescopage hallucinatoire de causalisme et de l'archaïque, qui permet l'absence de « distance froide » (M. Serres) avec la science, de laïcisation du rapport entretenu avec elle.

Là apparaît un autre non-dit de la science, cette attraction, de l'ordre du sacré et non de l'objectif, qu'elle exerce sur les hommes, comme si elle pensait en dehors de nous, comme si elle avait pris la place du sujet. Comme un fétiche, un totem, la science existe en soi et pour soi. L'honnêteté voudrait qu'on convienne de ce que les réponses nouvelles qu'elle apporte ouvrent aussitôt de nouvelles questions ou une autre façon d'interroger les anciennes. Force est de constater cependant que, de facto, le triomphalisme scientifique opère dans l'ordre d'un nouveau sacré, même si ses fétiches sont abstraits (encore qu'en cybernétique, les fétiches soient de moins en moins abstraits!). Vu d'une autre planète, l'engouement actuel pour l'informatique, le rapport à l'objet informatique, au jeu électronique, à l'idole informatisée, inculqué aux enfants, doit apparaître comme des rites aussi sauvages que ceux qui faisaient l'objet des études d'un Malinowski. La fascination, liée aux succès très réels des sciences, ne supporte pas d'esprit critique. Des temples mentaux ou réels se créent, que nul ne doit toucher. Le culte a ses rituels : congrès, séminaires, sociétés savantes, dont certaines dépassent ostensiblement l'objet de leurs disciplines, comme si leur savoir spécifique leur conférait une mission ou des compétences hors de leur domaine de recherche, au moment précis où leur position éthique paraît mal assurée. Cependant, par ses fonctions mêmes, l'homme de science ne peut que se poser la question du sujet par rapport aux paradigmes : d'un côté il sait que, comme le dit H. Atlan, « quelque chose dans la réalité lui permet de se laisser mettre en ordre »; cela est incontestable; de l'autre côté, il sait qu'il existe des choses, des intuitions, des sensations, des scansions, des acmés, des illuminations, dont il n'est pas possible de parler « vraiment ». De lui dépend le mensonge par omission, la fétichisation malgré tout de l'ordre; alors, ou bien la contradiction ne dénoue pas le recours au sacré ou bien elle s'accepte dans la reconnaissance du non-reconnaissable, du Je en tant que maître du monde, mais, dans le même temps, du Je néantisé dans l'immensité du monde. C'est dans l'intimité de l'homme de science, en son for intérieur, que peut s'effectuer ce sacrifice de la raison qui permet à la raison de renaître, dans la reconnaissance des multiples, du hasard, de l'instable, des flux, de la laideur, de la beauté, de la souffrance et du plaisir comme de l'angoisse. L'homme vit avec ses sens, ses désirs, sa haine, son amour. Chaque homme de science vit cela comme l'homme quelconque. Il vit dans le désordre et c'est ce désordre qu'il censure tout en cohabitant avec lui, comme il cohabite avec l'idée qu'il se fait du bien et du mal : éthique ou désir l'imprègnent, comme en son contraire le goût du pouvoir, la mégalomanie toute-puissante. Le soliloque est riche de ce débat, auquel s'ajoutent bien d'autres non-dits, comme celui de l'angoisse, de l'identité sexuelle, de la laideur, dont, bien que tus, on ne peut absolument pas négliger l'incidence plus ou moins consciente qu'ils ont sur les positions scientifiques. Comme le dit H. Atlan, ce qui peut s'y dire est « dans les silences, et le non-dit de la parole, et dans les blancs de l'Écriture »; c'est-à-dire ce qui fait l'homme, le sujet non réifié, non chosifié. Dans le non-dit il ne peut pas y avoir de dissociation entre l'observation « objective » et les multiples sentiments ou sensations et la réflexion éthique. Car avant d'être l'effet d'une réflexion scientifique et/ou philosophique à son sujet, l'éthique est un sentiment, une impression tout autant qu'un code; elle participe de l'imaginaire individuel comme de l'imaginaire social. On sait qu'elle a à voir avec la loi du père, la mémoire historique fondatrice des mythes archétypaux, le religieux. L'éthique est là et ailleurs, image imposée et pulsion obligatoire, même si elle relève de l'apprentissage. Lorsque l'on prend du L.S.D., outre la découverte télescopée et coloriée de mille mondes, l'éthique, la culpabilité, la punition, réapparaissent toujours plus ou moins, tout autant que le plaisir rencontre la jouissance. Curieuse rencontre d'ailleurs que celle d'une psychochimie et de sentiments relevant de la morale, qui indique bien le mécanisme, les arches du pont, mais n'explique pas le pourquoi de ce saisissement soudain, ni le contenu de cette expérience venue d'ailleurs. La prise d'hallucinogènes permet de reconstituer in vivo, sous forme de choc, ce qui s'exprime dans le non-dit, à de tout autres vitesses, dans des confrontations beaucoup moins macroscopiques. Pour faire une comparaison, disons qu'il y a deux façons d'atteindre le sommet du Mont-Blanc : l'une est de s'y faire déposer en hélicoptère (c'est le L.S.D.), l'autre est d'en faire l'ascension, difficulté par difficulté : c'est le débat du non-dit. Toutes deux participent de cet ailleurs qui est l'homme et son psychisme.

Le non-dit, ici comme dans d'autres domaines qui touchent à l'homme, relève d'une phénoménologie affective plus que d'une pensée scientifique ou, a contrario, d'une pensée magique. Il est, nous l'avons répété, plus débat incessant, instable, qu'affirmation figée et fixée, il est ludique comme il est sérieux, jouissance tout autant que connaissance. La science n'est pas réductible au non-dit, mais le non-dit n'est pas réductible non plus à la science. Le butoir qui est refusé par les scientifiques, mais démasqué ici, est la prétention à la *vérité*, et au nom de cette vérité, au *pouvoir*, laissant de côté la question de l'éthique qui, elle, ne permet pas de prendre ses désirs pour des réalités, et celle de l'esthétique qui, au contraire, transforme le désir en réalité. Dès lors, ce qui est tu est ce qui est obstacle au pouvoir de la science, c'est-à-dire la mort; non pas la mort de l'espèce ou d'une cellule, mais sa propre mort en tant que déni à la toute-puissance du savoir, souffrance poignante, régression dans la peur la plus archaïque, là où l'on est toujours seul. Instant de vérité, à l'ultime, quand la langue est encore la langue, ordre et symbole, et que déjà elle n'est plus rien, à cet instant infinitésimal où l'on va savoir et où on ne saura jamais si on a su, s'il n'y avait rien à savoir.

Le non-dit du non-dit

Le non-dit ne peut être qu'approche – sous réserve qu'il n'y ait pas dialogue de sourds entre celui qui cherche à le dévêtir et le sujet parlant de soi à soi-même – dès lors qu'il s'interroge sur son propre non-dit, le met à distance, lui donne sens, forge un système d'explication formel, le renvoie au discours et donc le réduit.

Flux, chaos, atmosphère, informulé, évanescent, fumée autant que cristal. Aphorisme, rêve plus ou moins éveillé, débat, dispute, système et antisystème, le non-dit, réserve de sens et de non-sens ou de refus du sens, reste avant tout le balbutiement qui ânonne le désir, la laideur, l'angélisme de l'homme avec une spontanéité et une actualité que ne peut pas avoir le discours dédié à l'autre. Il existe un non-dit du non-dit, cette chose, ce magma qui est à la limite du formulé et de l'informulé quand les images sont à peine encore des images ou cessent de l'être. Mais on ne comprendrait rien au non-dit si l'observateur, quasi ethnologue, n'insistait sur la vitesse de son déroulement, les chutes, les turbulences, les contradictions, télescopages et changements d'atmosphère. La recherche anthropologique permet dans la confrontation des systèmes symboliques, dans l'analyse des mythes et de leurs ritualisations, d'approcher un peu de ce qui se passe là. Plus encore, l'expérience des hallucinogènes – hier sacrée, aujourd'hui désacralisée – mais qui, malgré tout, a grossi comme à l'aide d'un microscope ce mouvement contradictoire du dévoilement et du secret, cette rencontre à la fois fantasmée et réalisée de la mort, comme de la jouissance au plus profond des fibres, cellules, molécules de sa peau. Ce dévoilement impudique, à la fois imaginaire et réellement ressenti des sexualités que nous censurons, sauf à les sublimer par la littérature ou l'œuvre d'art, ou pire à les réduire par une minable pornographie.

La peur sociale est telle qu'elle a de tout temps réservé l'illumination et l'amplification du non-dit aux saints, chamans, autres prêtres ou sorciers, fétiches vivant par délégation de pouvoir sur le non-dit, lequel en se ritualisant s'exhibe en même temps qu'il s'annule, privant l'individu de la possibilité unique de l'exprimer. Aujourd'hui, alors que les prêtres n'ont plus l'autorité suffisante, c'est la loi qui s'abrite derrière la santé et l'intérêt de la médecine pour mener un vigoureux combat, en fait d'ordre moral, contre les hallucinogènes et autres champignons sacrés. Sous l'effet de ces produits, à la fois divins et diaboliques, l'homme pourrait tout vivre et tout se permettre, vivre jusqu'à l'angoisse la folie la plus complète dans le déroulement le plus insensé, vivre Tout, et particulièrement l'interdit, dans le même temps, le même mouvement, acteur et spectateur. Les hallucinogènes permettent au non-dit du non-dit de sortir, d'émerger dans un défilement qui tient du cinéma kaléidoscopique, du rêve éveillé, d'une atmosphère fantastique. Ils aident à une sorte de catharsis qui peut mener soit à la folie, soit à la cure thérapeutique. Ils emmènent ailleurs. Ce n'est pas pour rien que, pour désigner cette expérience, on parle de « voyage », « trip ». Ce n'est pas pour rien que les Indiens Huichols font un long voyage vers des vallées cachées, préparant par mille et un rituels le dévoilement, la rencontre du secret et du sacré, tant le dénudement de ces autres vérités peut être traumatisant, tant il est vrai que, sacré ou profane, on revient de ce type de voyage à jamais transformé, à jamais différent.

Il n'en est pas de même pour le non-dit banal de l'homme quelconque, mais il joue à sa façon le même rôle : celui d'un révélateur plus affectif que logique, plus chamboulé que linéaire. Il est l'intuition et l'imaginaire qui se réfléchissent dans un métalangage à la fois élaboré et inconsistant. Il aborde mythes et superstitions dans le même mouvement qui les dénie totalement, comme il fonde une adhésion complète, terrorisée ou jouissante. Le non-dit jongle avec l'espace et le temps, reconstitue sur-le-champ l'enfance puis la désavoue comme contraire à la vérité du « ici et maintenant ». Il fonde l'action et la vie de l'homme en société, tout en mettant en réserve ce qui ne s'énonce pas, pour justifier telle ou telle conduite ou position. Il réhabilite la restriction mentale, le mensonge par omission comme il le justifie par une utilité qui est d'abord personnelle mais peut avoir une résonance éthique que peu d'autres soupçonnent, d'autant plus que le combat entre Gog et Magog y est souvent permanent, à la fois figuré, ressenti et décrit ou argumenté. Image ou réflexion, le non-dit est sans pudeur comme il est sans pitié. Si le masque de la mort apparaît en « descente » de L.S.D. sans qu'on puisse le chasser, il apparaît tout autant dans la bouffée d'angoisse quand il envahit le champ de la conscience. La différence est qu'il ne se discute pas sous hallucinogènes alors que, sans artifices, le dit vient au secours du non-dit. Étrange confident à qui tout se raconte, qui est juge et partie, qui, loin d'être neutre ou indifférent, est une vie dans la vie, faite de sang, de sueur, de larmes. Là où n'existe aucune asepsie protégeant des microbes du désir et de la haine, ni du dégoût de soi ou de l'excessif narcissisme. Confident qui ne respecte ni code ni déontologie, mais qui toutefois est suffisamment contrôlé ou autosurveillé pour filtrer en fonction de la nécessité de l'instant le refoulé. Mais également, Grand-Maître de l'ordonnancement de la sexualité, jaloux et envieux quand la norme ou la morgue d'un partenaire vous humilie ou vous blesse ou, au contraire, mettant en œuvre le subtil maquillage qui permet d'arriver à ses fins. Le non-dit est un maquignon prêt à tout vendre comme à tout acheter pour votre plaisir, tout en vous disant, sans fards, vos peurs et vos timidités insolubles. Maquignon qui flatte sa marchandise, la retape à l'occasion, subit le refus pour s'en accommoder tant bien que mal.

Il existe là aussi, d'une manière toute subtile, un non-dit du non-dit qui n'est pas le refoulé. Il écarte, met au second plan, minimise tel ou tel sujet ou obstacle ou accélère le déroulement du film intérieur pour passer à une autre scène moins gênante. Il s'agit de subtilité et d'alchimie où la règle est de tout se dire, tout en le disant d'une certaine façon qui valorise telle chose au détriment d'une autre, renforce le côté sentimental ou affectif en lieu de l'analyse logique ou fait exactement le contraire. Lorsqu'il est confronté au principe scientifique de non-identité ou à celui de la preuve et de la vérification et que cela ne marche pas, alors seule compte l'intime conviction que ce que l'on désire là, maintenant, est vrai quel que soit le déni de l'objectivité. Ce qui pouvait être tenu pour explicatif est réexpliqué à sa façon par le non-dit qui renvoie au mystère, à l'indicible, à l'atmosphère, à ce qu'il juge comme « pas bon » pour le bien ou le mal-être du sujet se parlant, là, à lui-même. De même qu'il y a débat entre le dit et le non-dit, de même le conflit existe entre le non-dit et son propre non-dit, entre ce qui est possible à vivre (y compris l'angoisse de mort), ce qui ne l'est pas ou pas encore, ou déjà plus.

Le non-dit est, contradictoirement, le tout dire dans le même temps qu'il est toujours sélectionné. Il naît apparemment en dehors de tout self-control, se déroule malgré soi, mais dans le même temps, le même mouvement, existe un formidable appareil de contrôle, de mise en ordre, de réassurances, de peurs sélectives. Bien sûr, d'immenses parts de ce théâtre échappent, ne serait-ce qu'au niveau des atmosphères, à la mise en ordre, et font vivre au sujet d'éprouvantes situations, des instants de vérité qui le remettent totalement, profondément, en cause. Comme c'est là une des principales raisons d'être du non-dit, cette victoire d'une vérité intime, affective par rapport à la vérité sociale ou au discours pour l'autre ou encore l'écoute du discours de l'autre, il n'est pas question d'en nier l'existence relativement libre bien que conditionnée à la fois par l'inconscient, l'ontogénie et le statut social. Toutefois, il y a un peu de Tartuffe dans cette vérité toute nue et le narcissisme y vient toujours à son propre secours : au point maximal d'une angoisse, d'une déréliction, se dévoile un contrepoint ou un chant parallèle, qui permet la réassurance, la possibilité de continuer à vivre. S'il est immédiat, instinctif, affectif, le non-dit reste cependant une médiation culturalisée au profit exclusif du sujet se parlant à lui-même, quand bien même il atteindrait le comble de la déréliction, menant jusqu'au passage à l'acte suicidaire. A ce point, le non-dit du non-dit est, quelle que soit la douleur qu'il suppose, quand même le bénéfice que le sujet en tire. On a pu parler à juste titre de douleur exquise ou de jouissance dans le malheur, quand la haine de soi d'impossible ose devenir totalement possible. Le non-dit du non-dit permet un désir de haine de soi qui reste, quel qu'en soit le prix, quand même un désir, preuve de vie, de possibilité de choix qui occupe là une place dans le mental d'un homme, en tant que création, aussi perverse soit-elle, de son imaginaire et de l'idéal du moi. Aussi scandaleux que cela puisse paraître, c'est parce qu'il s'agit d'une protection culturalisée, d'une espèce de jeu auquel une partie de soi n'arrive pas à croire, que le passage à l'acte est en fin de compte possible.

La fonction du non-dit, outre sa composante masochiste, a pour l'essentiel une fonction de catharsis. Là où l'inconscient refoule, le social exclut, la raison excommunie; là où il y a mystère ou magie, là encore où se constitue l'exclusion et se prononce la malédiction, le non-dit prend toute sa place. Il formule mille justifications, trouve d'abondantes raisons à la perversion, aux transgressions, à n'importe quelle sexualité. Son flux écarte la morale, joue avec elle, l'éparpille, la reconstitue d'une autre façon, invente la pulsion, bien sûr irrésistible, la met en valeur d'une façon si évidente qu'il n'y a presque plus de mal à cela, un peu comme la publicité pour l'alcool arriverait à nous faire croire que rien n'est plus sain, plus viril ou plus rajeunissant que tel whisky ou telles bières pourtant infâmes. En écartant, en minimisant ce qui est gênant, le sujet élabore pour son usage personnel un système autosymbolique, avec sa ritualisation qui permet à d'autres valeurs d'acquérir une validité qui autorise l'homme à vivre. Au symbolisme du langage parlé se confronte, sinon s'oppose, un autre monde, un autre symbolisme, quelque part dans l'informulé, dans l'informel. Le sujet se persuade qu'il peut donner un autre prix aux choses de la vie, celui-là qu'il est disposé à payer pour son plaisir ou pour résister à la pulsion de mort.

Le non-dit du non-dit est ce mécanisme qui écarte ce qui ne permet pas d'accéder à la satisfaction du désir. Il écarte ce qui est écartable et sublime bien d'autres choses : raisonnements, événements ou affects, il transforme à la limite du désirable en non-désirable. L'art subtil de ces transferts et transformations est difficilement traduisible. On comprendra la difficulté d'un tel art si l'on se rappelle la part importante consacrée par un discours intérieur aux obsessions mais également aux phobies. Il arrive (c'est le cas de l'expression en symptômes des névroses) que ces dernières submergent le vécu et le champ de la conscience du sujet, que plus rien ne compte que ce que le sujet éprouve. Là, le non-dit essaie timidement de limiter la submersion ou, au contraire, s'y précipite avec une suprême délectation. Tout dépend du bénéfice que le sujet en attend, car il est quelquefois meilleur de vivre vraiment une souffrance exquise que de trouver un compromis fade entre son symptôme et son désir.

Car la peur est peut-être l'ultime recours quand cent explications ne suffisent plus, ni même le désir, ou déjà plus la pulsion. Nous croyons en un certain nombre de choses, mais l'éthique s'oppose mal à la pulsion, surtout là où les résistances sociales s'effondrent. Alors, la peur d'être soi-même victime, animal traqué : celle d'un châtiment réel ou divin, celle enfin de la superstition, envahit tout dans un silence intérieur subit et ramène le non-dit à zéro pour laisser toute sa place au non-dit animal.

Lorsque le sujet est « pris » dans cette peur qu'il ne connaît pas, qui vient des fins fonds de son ontogenèse, il lui appartient tout entier et perd cet espace de liberté intime qu'est le non-dit. Face à une poussée de peur (qui n'est pas l'angoisse), il n'est plus « je » mais « objet », il n'est plus ni la source ni le but, il abdique les abords du désir, même ceux de la mort. Il est dans la mort qu'on va lui donner, animal pris au piège de l'innommable. Le non-dit du non-dit est l'intime connaissance que cette peur-là peut à tout instant submerger, balayer le vernis culturel, y compris les subtiles règles du jeu de l'inconscient, qu'il n'y a plus de critères ni de références. La peur est terrible parce qu'elle entraîne le silence, un silence sonore sans aucune harmonie qui pourrait renvoyer à un ordre du monde. Il n'y a là aucune perfection, aucune unité; d'une solitude aphone qui attend sans défense un sort inéluctable, là où le réel tue le symbolique définitivement.

Cette peur n'est pas à confondre avec celle qu'engendrent les fétiches, elle est celle de la victime expiatoire des Incas à qui, dans la minute qui suit, le grand-prêtre va ouvrir le thorax pour arracher le cœur qu'il offre au Dieu Soleil. Mais elle est aussi celle de ceux qui assistent à l'offrande du grand-prêtre lui-même, qui peuvent en un instant devenir eux victimes et lui bourreau, découvrant ainsi tout à la fois le hasard et l'absurde. Ici, même obéir aveuglément ne sert à rien, sinon à tendre sa gorge au couteau du bourreau, la résignation n'excluant pas la peur. Il ne s'agit pas seulement de la peur de mourir : pour ne citer qu'un exemple déjà repris ailleurs *(Le Destin du toxicomane)*, rien n'arrête la peur du nègre quand, sous le regard de l'autre, il se sent devenir à nouveau esclave et surtout, qu'il sent monter en lui l'ambivalence terrible de le désirer aussi, masochisme plus horrible que n'importe quel masochisme sexuel et qui justifie tant de paranoïas pour des choses apparemment minuscules. La peur, c'est l'indicible, quel que soit le type de discours, vers l'autre ou l'intérieur. Ce sont les mots qui font si mal qu'on ne peut ni ne veut les formuler, même à soi-même. Devant cette peur hypersonore et inaudible, l'écoute elle aussi devient impossible, ne peut même pas être médiatisée. Pour l'approcher au plus près, il faut recourir à des termes comme « archaïque », « tripal », « viscéral », « bête aux abois ».

Si la peur est inaccessible, il n'en est pas de même de l'idée de mort. Le non-dit est rempli de mort, de la sienne bien sûr, mais surtout de celle de l'autre, à commencer par celle de ses parents. Dira-t-on, en toute impudeur, l'attente quasi permanente de la mort de l'autre, du regard de soi posé sur soi, pour guetter, analyser, disséquer ses propres réactions à l'affût de l'émergence de la douleur ou de la jouissance? Ce qui se joue autour de la mort est par excellence le lieu clos, le plus intime pour le non-dit (ainsi que pour la parole fausse). Dans un autre texte, nous indiquions que cette tragédie-jouissance a une implacable et inexplicable logique : elle soigne l'irréconciliable car, seule, la mort de l'autre – d'autant plus s'il s'agit d'un être cher – permet de vérifier sa propre survie. Cette mort de l'autre est la seule fête douloureuse qu'avec pudeur ou impudeur on s'offre, dénuée, pour soi à soi. Dans les camps de concentration, c'est la mort de l'autre qui, paradoxe abominable, permet de redonner tout son sens à l'instinct de vie. Osera-t-on dire, avec toutes les contradictions qui y prennent place, que la mort des parents nous enlève notre dernier rempart avant notre propre mort, qu'ainsi le deuil que nous portons d'eux, alors même qu'il nous fait redevenir tout petit enfant, n'est pas un deuil d'amour? Ces deuils sont les prémices acceptables et odieuses du deuil que nous commençons à porter de notre propre mort. Ceci est le plus souvent intolérable, même pour le discours intérieur, ce d'autant plus que ces sensations, ces douleurs, cette allégresse, ne peuvent être refoulées. Alors fonctionne une sorte de pompe censurante : le non-dit du non-dit qui laisse se profiler, comme un acteur qui se cache derrière le rideau, ce qui s'avoue sans le dire tout en le disant, dans le flou, dans une fulgurance, un éclair de lucidité vite interdit.

Ainsi se constitue peu à peu dès le premier cri, peut-être même avant, l'inéluctable question du sens de la vie qui mène à cette mort, nous accompagnant chaque jour, chaque heure, chaque seconde. Il y aura toujours des hommes pour se révolter contre l'inexorable du Destin. De cette révolte naît Dieu : le paradoxe est que l'homme crée Dieu à son image, comme moyen ultime d'échapper à l'absurde, au hasard, au sort commun. Comme le disait

A. Cohen à propos du judaïsme, si les hommes sont capables de créer Dieu et la Bible, alors on peut y croire. Mais peut-on y croire quand Auschwitz, Maïdanek, Treblinka infligent au peuple de Dieu le démenti le plus fou mais le plus logique à l'illusion du Sens, au déni de l'absurde? En questionnant tout cela, l'homme peut devenir fou (il le devient d'ailleurs souvent) s'il ne délègue pas à des médiateurs : prêtres, juges, policiers, prophètes, la fonction jamais dite de créer le sens, de marquer la loi.

Le non-dit du jamais dit est l'aspect absurde, réductionniste de la délégation qui, d'ailleurs, tourne souvent au grotesque, se retournant en un mouvement pervers sur elle-même, pour narguer le sens (policiers corrompus, juges véreux, juridictions dictatoriales, culte de la personnalité, hiérarques, etc.).

Contre la folie, contre la mort, l'homme bâtit des murailles pour protéger son espace de vie. Pasolini nous a montré jusqu'à quelle extrémité peut mener le désir de sauver l'instance qui permet de vivre et combien la jouissance coûte que coûte, quoi qu'elle coûte, est l'extrême de la vie qui autorise à sacrifier l'autre pour parvenir à ses fins considérées comme but suprême.

Nous avons dit le rôle des hallucinogènes dans l'instance du sacré et du secret, mais signalé aussi le risque à l'instant du dévoilement du miroir de basculer dans la mort ou la folie. D'autres hommes ont inventé la dépendance, que nous avons interrogée ailleurs *(Le Destin du toxicomane).* Mais le non-dit du non-dit de la dépendance est à sa place ici, dans la haine de soi qu'a le toxicomane talonné par l'aiguillon du plaisir, d'une part, de ne pas pouvoir pérenniser à jamais et d'avoir besoin du manque pour le retrouver, d'autre part de savoir, quelque part au fond de soi-même, que cette autorisation qu'il se donne n'est possible que parce qu'il n'a pas d'autre choix : soit parce qu'il est l'idiot de la famille ou qu'il souffre de disgrâces physiques, souvent génitales (réelles ou fantasmées), soit que d'intenses souffrances psychologiques aient besoin autant d'anesthésie que de plaisir. Le toxicomane est un Arlequin qui montre bien des costumes, mais peut-être jamais le bon.

Dans les espaces ainsi protégés apparaissent les fissures qui dévoilent, malgré lui, à l'homme sa fragilité : il peut prier, se livrer à la dépendance, à tous les fétiches du monde; il ne peut pas empêcher d'être rattrapé par ce qui le tient et qu'il fuit : ainsi, du monologue de Dom Juan, de l'intervention du Commandeur, de la solitude de Moïse guettant une des faces de Dieu. Ce que l'on a appelé l'âme ne vit ni de pain ni d'amours, même si elle est alimentée par cette autre création de l'homme qu'est l'éthique. Le « vague à l'âme » n'est que la forme affadie de cette attente du sens et de cette quête de l'immortalité. Dans les souterrains des espaces se consume, comme sous l'Arc de Triomphe, une flamme de cruauté naturelle, de malheur qui rôdc guettant sa proie, de silences sonores, qui marquent le temps vécu.

Car le temps est une des hantises du non-dit : le miroir en est son instance, qu'on regarde, jour après jour, qui sculpte le visage au rythme du vieillissement, sourd à nos supplications comme à nos fards. Toute la médecine n'a qu'un but secret : arrêter la marche du temps qui passe, répondre à la supplication du poète, reculer l'échéance. Le temps est vécu, la vie s'organise pour éviter de trop y penser. Quand on y pense, c'est pour le ritualiser avec le calendrier des fêtes et anniversaires. La modernité invente le troisième âge, puis le quatrième pour éviter, contourner la vieillesse mais lorsque chacun est pour soi, à l'intime : photos, souvenirs sont là, à chaque instant de vérité, qui vérifient ce que dit le miroir. Nul ne perd la mémoire du temps qui a passé, même dans la maladie d'Alzheimer, ce sont les souvenirs les plus anciens qui restent le plus longtemps. La parole peut par mille armes chanter le goût présent, les mille plaisirs de l'âge adulte, de la sérénité ou de l'expérience; le murmure intérieur, lui, ne mange pas de ce pain-là, la nostalgie est toujours ce qu'elle était : larmes, sueurs, sans aucune sainteté, sans beaucoup de consolation sur ce qui a été, ne sera jamais plus. Dans ces larmes, cette lente tristesse, le Prix Nobel rejoint la midinette, pieds et poings liés, dépendants du temps et de l'heure que chacun a tant gaspillés, alors que là, dans telle ou telle révélation, nous ne pouvons que pleurer de n'avoir pas été avares, Harpagon jouissant mieux de la vie, cette « rareté bien singulière » (Michel Serres). Ce qui circule en permanence à l'intérieur de soi, c'est cette lutte avec le temps : le vivre sans regard, ni analyse, c'est le gaspiller, n'en pas jouir dans son plus minuscule espace. Essayer de le fixer, c'est le regarder fuir, constater impuissant l'absence de tout pouvoir sur lui, n'être que dans la mémoire, trop économe de la jouissance ou d'un total abandon de soi. Il n'y a pas de juste milieu, de solution univoque. Au jeu (toujours cruel) du temps qui passe, l'homme est perdant, qui a tout essayé du cannibalisme à la plus sophistiquée des manipulations génétiques. Demain contredit ce que je viens d'écrire. Demain est l'espoir du temps qui passe, quelque chose qui donne confiance en la mémoire. A vérifier au fur et à mesure que demain existe, l'homme peut faire semblant, la plupart du temps, qu'il y a pour lui une sorte d'immortalité. Il peut renforcer cet espoir par le jeu du pouvoir, de la puissance, de l'hommage rendu par d'autres hommes qui lui sont inférieurs. Les satisfactions du corps : nourritures, boissons, sexe, arômes, musiques, immobilisent le temps, le stockent là, comme un radeau dans le lit du grand fleuve; la fête et le plaisir fondent un instant d'immortalité. Mais la ride dit le cadavre qui s'annonce. Elle est la muette qui peut parler. Elle fait entrer le doute dans la mémoire, barre le savoir, la science. Certes, l'esthétique permet de subtiles sublimations : la mort n'est pas toujours dans les jardins où poussent les roses, le beau, l'œuvre d'art, qui ouvrent les portes d'une certaine immortalité. Le langage perpétue l'espèce mais moi, sujet, je, cela est ma ride et mon sang qui annoncent pour moi la fin du langage comme la fin de toute altérité. Le non-dit du non-dit devant le miroir est l'interminable question : et s'il n'y avait pas de mystère? et s'il n'y avait pas de grâce? Écrire ou parler coûte cher, surtout s'ils osent l'impudique, mais se parler à soi-même, de cela justement, est impayable sans contrepartie. Si cela même se censure, si l'homme brise ses miroirs, il lui reste ses rêves et ses cauchemars : on a beau rêver d'être un enfant inconcevable, immortel, jamais né donc jamais prêt à mourir, qui serait soi, on a beau parfois retrouver les langueurs et les innocences de l'enfance, le langage (du rêve aussi), lui, fait lever au détour la faucheuse, sa faux et toute la mémoire qui se déverse là, devenant à son tour miroir saturé du trop-plein d'une histoire. Il ne reviendra jamais, même en songe, cet enfant sans souvenirs, dans un temps suspendu. Apprendre à vivre quand même avec un discours reste l'évidente nécessité, sauf à se suicider.

Le dit rachète au plus près l'inexorable, occupe un peu ou beaucoup la place absente, construit une image à la place du miroir. Puisque le verbe meurt lui aussi pour laisser la place au magma du discours intérieur, pour ne pas lui rendre l'hommage qui revient au texte, à la scansion, au poème, à la mimique et même dans ses transformations modernes, dans le formulé-informulé de la science, là où le langage traditionnel tend à mourir, il invente un futur, un paradis qui, tel un narcotique, peut donner l'illusion. Dès lors qu'il est, le verbe est vivant; Chateaubriand, Stendhal, Vishnou, sont peut-être aussi vivants qu'ils l'étaient dans leur incarnation de chair. Ils occupent un espace permettant à l'homme quelconque de se dire « pourquoi pas moi? », de s'inventer un destin que viennent encore conforter les mythes, fétiches, religions de la mémoire collective du groupe. Là, pourtant, se glisse l'interrogation : qu'en est-il des anencéphales, des sourds-muets, pour qui le verbe est absent? A-t-on jamais vu une psychanalyse d'un anencéphale? Loin de ce doute qu'on ne peut pas exclure, le verbe invente tout ce qui est en son pouvoir. Il invente les métamorphoses de Krishna, comme la résurrection du Christ et, si celle-ci est possible, il bâtit le Jugement dernier, le Paradis futur. S'il y a futur, l'œuvre de mort ne peut être que transitoire et il y aura des substitutions. La mémoire du verbe, le verbe de la mémoire, substituent à la peur l'espoir insensé de la résurrection. Nul n'y échappe.

C'est dire l'importance de cette résurrection partielle qu'est l'enfantement, ce que miment ces innocents du savoir que sont les enfants quand ils font comme maman, se mettent un oreiller sur le ventre. Avoir des enfants, c'est la délégation d'une perpétuation impossible; les aimer « plus que soi » permet au cordon ombilical symbolique de maintenir un lien qui nourrira jusqu'après la mort. Il n'y a aucune gratuité dans l'amour des parents qui revendiquent toujours leurs enfants comme une part d'eux-mêmes. Qui sont les enfants « ingrats », sinon ceux qui refusent plus ou moins cette part de propriété non dite. Les parents veulent recevoir la vie par leurs enfants. Les enfants n'ont pas de prix, comme la vie. La blessure de la mort d'un enfant réintroduit le prix, celui de la non-perpétuation; celui de la mort du géniteur sans prolongation, marquée brutalement d'un fini bref, net, sans appel. Il n'y a pas des milliers de tours dans la besace de l'homme : l'imprévu ne s'inscrit qu'entre la naissance et la mort.

Lorsque l'homme va cesser de continuer en lui, dans cette obscurité qui commence, loup plus que jamais solitaire, tremblant comme jamais il n'avait tremblé, suppliant comme jamais il n'avait supplié, à demi mort déjà, désarmé de toutes les sagesses, de toutes les folies, imaginant tout et rien, surtout l'impossible quand arrive justement l'impossible.

Homme, tu ne peux éprouver que l'horreur devant ce long silence qui, dans ton tremblement éperdu d'angoisse, devient tout d'un coup éternel.

Table

I. Sentiments

II. Pratiques

III. Techniques

ACHEVÉ D'IMPRIMER PAR BRODARD ET TAUPIN À LA FLÈCHE.
DÉPÔT LÉGAL : FÉVRIER 1990. N° 11559 (1155C-5).

Aux Éditions Odile Jacob

Marc Abelès, *Jours tranquilles en 89*
Anatole Abragam, *De la physique avant toute chose*
Claude Allègre, *Fureurs de la terre*
Elisabeth Badinter, *L'un est l'autre*
Michel Baroin, *La Force de l'amour*
Jean-Claude Barreau, *Du bon gouvernement*
Michèle Barzach, *Le Paravent des égoïsmes*
Jean Bernard, *C'est de l'homme qu'il s'agit*
Jacques Blamont, *Vénus dévoilée*
Ricardo Bofill / Jean-Louis André, *Espaces d'une vie*
Marshall Carter-Tripp / Max J.Skidmore,
La Démocratie américaine
Jean-Pierre Changeux/Alain Connes, *Matière à pensée*
Laurent Cohen-Tanugi, *La Métamorphose de la démocratie*
Collectif, *Pierre Mendès France et l'économie*
Colloque des prix Nobel, *Promesses et*
*Menaces à l'aube du XXI*e *siècle*
Yves Coppens, *Pré-ambules*
Michelle Coquillat, *Romans d'amour*
Francis Crick, *Une vie à découvrir*
François Dagognet, *Corps réfléchis*
Robert Dantzer, *L'Illusion psychosomatique*
Régis Debray, *Que vive la République,*
Tous azimuts
Alain Devaquet, *L'Amibe et l'Étudiant*
Michel Drancourt, *L'Économie volontaire*
Caroline Eliacheff/Ginette Raimbault, *Les Indomptables*
Didier Éribon / Claude Lévi-Strauss, *De près et de loin*
Jacques de Fouchier, *La Banque et la Vie*
José frèches, *Voyage au centre du pouvoir*
Max Gallo, *Manifeste pour une fin de siècle obscure*
Pierre Gascar, *Du côté de chez Monsieur Pasteur*
Gilles-Gaston Granger, *Essai d'une philosophie du style,*
La Mathématique sociale du marquis de Condorcet,
Pour la connaissance philosophique
François Gros, *Les Secrets du gène*
Claude Hagège, *Le francais et les siècles*
Joe Haines, *L'Incroyable M. Maxwel*
John Haugeland, *L'Esprit dans la machine*
François Jacob, *La Statue intérieure*
Pierre Jacob, *Epistémologie* («L'Age de la science»,n°2)
Pierre Karli, *L'Homme agressif*

Anne de Kervasdoué, *Questions de femmes*
Philippe Kourilsky, *Les Artisans de l'hérédité*
Philippe Laburthe-Tolra, *L'Étendard du prophète*
Philippe Lazar, *Les Explorateurs de la santé*
André Lebeau, *L'Espace en héritage*
Hervé Le Bras, *Les Trois France*
Xavier Le Pichon, *Kaiko*
Edward N. Luttwak, *Le Paradoxe de la stratégie*
Philippe Meyer, *Le Mythe de Jouvence*
Paul Milliez, *Ce que j'espère*
Alexandre Minkowski, *L'Art de naître*
Hubert Montagner, *L'Attachement, les débuts de la tendresse*
Benno Muller-Hill, *Science nazie, science de mort*
Jacques Ninio, *L'Empreinte des sens*
Claude Olievenstein, *Le Non-dit des émotions*
Edgard Pisani, *Pour l'Afrique*
Baudouin Prot / Michel de Rosen, *Le Retour du capital*
François Recanati, *Éthique et Philosophie politique*
(«L'Age de la science», n°1)
Michel Rocard, *Le Cœur à l'ouvrage*
Louis Roussel, *La Famille incertaine*
Jacques Ruffié, *Le Sexe et la Mort*
Alfred Sauvy, *Aux sources de l'humour*
Evry Schatzman, *La Science menacée*
Christian Stoffaës, *Fins de mondes*
François Sureau, *L'Indépendance à l'épreuve*
Henri Teissier du cros, *Louis Armand*
Emmanuel Terray, *Lettres à la fugitive*
Alain Touraine, *La Parole et le Sang*
Jean-Didier Vincent, *Biologie des passions*
Édouard Zarifian, *Les Jardiniers de la folie*
Françoise Zonabend, *La Presqu'île au nucléaire*

Collection Points

SÉRIE ODILE JACOB

OJ1. Biologie des passions, *par Jean-Didier Vincent*
OJ2. Le Sexe et la Mort, *par Jacques Ruffié*
OJ3. Le français et les siècles, *par Claude Hagège*
OJ4. L'Homme agressif, *par Pierre Karli*
OJ5. Le Cœur à l'ouvrage, *par Michel Rocard*
OJ6. Le Non-dit des émotions, *par Claude Olievenstein*

Collection Points

SÉRIE ACTUELS

A1. Lettres de prison, *par Gabrielle Russier*
A2. J'étais un drogué, *par Guy Champagne*
A3. Les Dossiers noirs de la police française
par Denis Langlois
A4. Do It, *par Jerry Rubin*
A5. Les Industriels de la fraude fiscale, *par Jean Cosson*
A6. Entretiens avec Allende, *par Régis Debray* (épuisé)
A7. De la Chine, *par Maria-Antonietta Macciocchi*
A8. Après la drogue, *par Guy Champagne*
A9. Les Grandes Manœuvres de l'opium
par Catherine Lamour et Michel Lamberti
A10. Les Dossiers noirs de la justice française
par Denis Langlois
A11. Le Dossier confidentiel de l'euthanasie
par Igor Barrère et Étienne Lalou
A12. Discours américains, *par Alexandre Soljénitsyne*
A13. Les Exclus, *par René Lenoir* (épuisé)
A14. Souvenirs obscurs d'un Juif polonais né en France
par Pierre Goldman
A15. Le Mandarin aux pieds nus, *par Alexandre Minkowski*
A16. Une Suisse au-dessus de tout soupçon, *par Jean Ziegler*
A17. La Fabrication des mâles
par Georges Falconnet et Nadine Lefaucheur
A18. Rock babies, *par Raoul Hoffmann et Jean-Marie Leduc*
A19. La nostalgie n'est plus ce qu'elle était, *par Simone Signoret*
A20. L'Allergie au travail, *par Jean Rousselet*
A21. Deuxième Retour de Chine
par Claudie et Jacques Broyelle et Évelyne Tschirhart
A22. Je suis comme une truie qui doute, *par Claude Duneton*
A23. Travailler deux heures par jour, *par Adret*
A24. Le rugby, c'est un monde, *par Jean Lacouture*
A25. La Plus Haute des solitudes, *par Tahar Ben Jelloun*
A26. Le Nouveau Désordre amoureux
par Pascal Bruckner et Alain Finkielkraut
A27. Voyage inachevé, *par Yehudi Menuhin*
A28. Le communisme est-il soluble dans l'alcool ?
par Antoine et Philippe Meyer
A29. Sciences de la vie et Société
par François Gros, François Jacob et Pierre Royer
A30. Anti-manuel de français
par Claude Duneton et Jean-Pierre Pagliano

A31. Cet enfant qui se drogue, c'est le mien
par Jacques Guillon
A32. Les Femmes, la Pornographie, l'Érotisme
par Marie-Françoise Hans et Gilles Lapouge
A33. Parole d'homme, *par Roger Garaudy*
A34. Nouveau Guide des médicaments, *par le Dr Henri Pradal*
A35. Rue du Prolétaire rouge, *par Nina et Jean Kéhayan*
A36. Main basse sur l'Afrique, *par Jean Ziegler*
A37. Un voyage vers l'Asie, *par Jean-Claude Guillebaud*
A38. Appel aux vivants, *par Roger Garaudy*
A39. Quand vient le souvenir, *par Saul Friedländer*
A40. La Marijuana, *par Solomon H. Snyder*
A41. Un lit à soi, *par Évelyne Le Garrec*
A42. Le lendemain, elle était souriante..., *par Simone Signoret*
A43. La Volonté de guérir, *par Norman Cousins*
A44. Les Nouvelles Sectes, *par Alain Woodrow*
A45. Cent Ans de chanson française, *par Chantal Brunschwig*
Louis-Jean Calvet et Jean-Claude Klein
A46. La Malbouffe, *par Stella et Joël de Rosnay*
A47. Médecin de la liberté, *par Paul Milliez*
A48. Un Juif pas très catholique, *par Alexandre Minkowski*
A49. Un voyage en Océanie, *par Jean-Claude Guillebaud*
A50. Au coin de la rue, l'aventure
par Pascal Bruckner et Alain Finkielkraut
A51. John Reed, *par Robert Rosenstone*
A52. Le Tabouret de Piotr, *par Jean Kéhayan*
A53. Le temps qui tue, le temps qui guérit
par le Dr Fernand Attali
A54. La Lumière médicale, *par Norbert Bensaïd*
A55. Californie (Le Nouvel Age)
par Sylvie Crossman et Édouard Fenwick
A56. La Politique du mâle, *par Kate Millett*
A57. Contraception, Grossesse, IVG
par Pierrette Bello, Catherine Dolto et Aline Schiffmann
A58. Marthe, *anonyme*
A59. Pour un nouveau-né sans risque
par Alexandre Minkowski
A60. La vie tu parles, *par Libération*
A61. Les Bons Vins et les Autres, *par Pierre-Marie Doutrelant*
A62. Comment peut-on être breton ?, *par Morvan Lebesque*
A63. Les Français, *par Theodore Zeldin*
A64. La Naissance d'une famille, *par T. Berry Brazelton*
A65. Hospitalité française, *par Tahar Ben Jelloun*
A66. L'Enfant à tout prix
par Geneviève Delaisi de Parseval et Alain Janaud
A67. La Rouge Différence, *par F. Edmonde Morin*

A68. Regard sur les Françaises, *par Michèle Sarde*
A69. A hurler le soir au fond des collèges, *par Claude Duneton avec la collaboration de Frédéric Pagès*
A70. L'Avenir en face, *par Alain Minc*
A71. Je t'aime d'amitié, *par la revue « Autrement »*
A72. Couples, *par la revue « Autrement »*
A73. Le Sanglot de l'homme blanc, *par Pascal Bruckner*
A74. BCBG, le guide du bon chic bon genre *par Thierry Mantoux*
A75. Ils partiront dans l'ivresse, *par Lucie Aubrac*
A76. Tant qu'il y aura des profs *par Hervé Hamon et Patrick Rotman*
A77. Femmes à 50 ans, *par Michèle Thiriet et Suzanne Képès*
A78. Sky my Husband ! Ciel mon mari ! *par Jean-Loup Chifflet*
A79. Tous ensemble, *par François de Closets*
A80. Les Instits. Enquête sur l'école primaire *par Nicole Gauthier, Catherine Guiguon et Maurice A. Guillot*
A81. Objectif bébé. Une nouvelle science, la bébologie *par la revue « Autrement »*
A82. Nous l'avons tant aimée, la révolution *par Dany Cohn-Bendit*
A83. Enfances, *par Françoise Dolto*
A84. Orient extrême, *par Robert Guillain*
A85. Aventurières en crinoline, *par Christel Mouchard*
A86. A la soupe!, *par Plantu*